リビア、はるかなり

――妻への便り・58通

石津一成

鳥影社

結婚当初の妻・常子

リビア、はるかなり

——妻への便り・58通

目次

リビア、はるかなり

――妻への便り・58通

石津一成

はじめに

今から四十年近く前の古い話である。昭和五十五年（一九八〇）十二月の中頃、私・岩成一樹はリビアの製鉄プロジェクトの担当に選ばれたと上司から伝えられた。最初は「なにっ、リビア？」と驚いたが、一通り話を聞き、これは面白いのではないかという予感を感じ、家内にも相談して、直ちに異動を受け入れた。リビアに行くのは同じ部署からは私一人だけであった。所属部署の忘年会を兼ねて行われた歓送会は、神戸市内の中華料理店で三十人ほどが集まった。私は大広間の上座、主賓用に設《しつら》えられた特別に大きな椅子に座らせられた。誰も行ったことがないアフリカの異国、出席者一同の表情は見知らぬ国への興味と共に、左遷の匂いを嗅ぎ付けた雰囲気も醸し出していた。一同、自分は、そんな所へ行きたくないと……。

その時から十一年前、私は、社会に出て七年間勤めた大和橋梁㈱を辞めて、ここ㈱東亜製鋼所に転職した。それは世間一般でよくある個人的な理由に依る退職ではなく、当時は新聞種にもなった珍しい事件であった。すなわち、大和橋梁の上司が主導した集団退職・集団転職であった。私の感覚では、大和橋梁での仕事が面白くなくて退職したのではなく、主導した上司の話から、東亜製鋼所でより大きな面白い橋梁関係の仕事が出来る筈《はず》との期待を持って、転職したのであった。

以来、十年余の間、大和橋梁から来たわれわれだけでなく、会社は他の橋梁ファブリケーターからも途中入社の専門技術者を加え、公団や建設省の出身者も招いて営業面を充実させて橋梁等の受注力を強化したものの、所詮、「鉄屋の橋梁」として橋梁業界の壁は厚く、そして高く、思うような成果は出なかった。当然それらの人員の所属する部署・部門の採算性は悪くなり、果ては建築の鉄骨工事や一般の土建工事まで手を付ける事になり、不本意な仕事に従事する事が多くなった。転職を主導した上司と同様に、私の思惑も大きな変更を余儀なくされながらも、業務上の改善策や提案などを頻繁に提示していたが、正面から取り上げてくれる上位者はいなかった。

その時から数年前に、社内の関連部署の土建技術者を集めて、安全に関する講習会があった。担当の安全課長の話は、終始安全を第一とする厳しい話であった。最後に、私が今のお話内容を完全に履行すると、仕事は出来ない。工事はやるな、という事になると感想を述べた。この話が、私の知らない管理職会議で採り上げられて、直後に当の安全課長から「お前の管理職昇進はもう無くなった。他の会社に行く事を勧める。」とのご託宣があり、以後、目の前にちらついていた管理職昇進の噂や話は全く無くなった。直属の上司からこの件について何の話もないいままこれを契機に私は所属部署内で、明確ではないが何となく厄介者になった感じがしていた。そんな時に出て来たリビア派遣者人選の話、所属部署にとって絶好の機会であったのであろう。部員の中には自分でなくて良かったと胸を撫で下ろした者もきっといた筈である。しかし、それはその時だけの事、しばらくするとこの大プロジェクトに次々と各部署から派遣者が指名された。

辞令予告を受けた時の私は違った。前記したような状況下で心に染まない「橋」とは異なる仕事に精を出すより、全くの新しい海外の天地で大きな仕事に励む方が働き甲斐があると考えた。心機一転して今までの仕事を忘れ新しい仕事に挑戦しようと思ったのである。

とは言っても、それは私だけの勝手な感覚であった。任地は日本から見て地球の反対側にも相当する遥かに遠い所である。少なくとも二、三年は帰れないであろう。残された家族にとっての隔絶感は大変なものになると想像出来た。私の決意に妻が快く賛同してくれて実現した海外の単身赴任、結果的に延べ三年半にもなった。その間出来るだけ便りを出す約束をしたが、その数は出張中の絵葉書を除いて五十八通になった。ほぼ二週間に一通であった。任務を終えて帰国した時、妻がそれら全ての便りをそのまま保管してくれていた事が初めて判った。しかし、一方、現地でそれ相当数の妻の手紙を受け取っていたが、帰国時の書類に紛れて残っていた、たったの一通を除いて私は何も持ち帰らなかった。他はすべて現地で焼却処分して仕舞っていた。

これらの手紙の内容は、他愛もない現地の事柄と妻からの手紙に対する感想等を綴《つづ》っているが、その手紙から妻が書いてくれた便りの内容が推察される。また、当方が記した手紙の背景等を付け加えて記す事で、当時のリビア現地の状況も把握できると考えて、ここにまとめて供覧する事にした。


この本を、今は亡き妻・常子に捧げる。

序章　リビア

第一節　リビアの国情

当時のリビアの国情を簡単に述べる。

リビアはアフリカ大陸の北のほぼ中央に位置し、地中海に面している。近隣国は東にエジプト、スーダン、南にチャド、ニジェール、西にチュニジア、アルジェリアと接している。国土の九〇パーセントは砂漠または土漠《どばく》となっている。地中海沿岸の帯状の土地のみ農業に適した土地となり、人も住んでいる。当時、リビアはアフリカ石油産出国の主要メンバーで、国内開発及び一般予算の約九〇パーセントを石油の輸出収入で賄っていた。また、石油依存を改めるため、各種の工業を導入し、産業の多様化を推進し始めていた。そのため、エジプト、チュニジア、スーダン人等周辺諸国の外国人労働者を積極的に使用するに至っており、石油産出の技能者としてアメリカからも要員を雇い入れて、各種の建設が急ピッチで進められていた。リビアはアフリカ諸国の中で最も厳格にイスラム教の戒律を守る社会で、徹底した民族主義を貫いている。

国土面積は百七十六万平方キロメートルと日本の四・六倍あり、人口は約二九〇万人と言われていたが、最近はその倍以上の六〇〇万人を超えているらしい。当時で約三五万人の外国人が就労しており、プラント建設にも従事していた。民族はアラブ人、宗教はスンニ派のイスラム教である。首都トリポリやミスラタのある地中海沿岸地方では夏季（六月～十月）は、日中三〇度～四〇度に達するが、朝夕は海からの風が吹き涼しい。冬季より春にかけては雨季で雨が降るが、トリポリやミスラタ辺りで精々月間一〇〇ミリ前後である。しかし、冬季の気温は零度に達する時もあり、霜が降る事もあるが氷が張ることは無い。初夏にはギブリ(砂嵐)が南部のサハラ砂漠から時々襲ってくる。

通貨はリビア・ディナール（ＬＤ）で、当時（一九八〇年初め）のレート、一ＬＤは約八一〇円、一米ドルは〇・二九六一ＬＤであった。それが現在（二〇一八年）では、一ＬＤは約八十七円、一米ドルは約一・三八ＬＤと大きく変化しているようだ。

国の歴史としては、古く紀元前一世紀頃、リビア東方のキレナイカ地方はローマ帝国の一部となり、西方のトリポリ・ミスラタのトリポリタニヤ地方はローマの属州アフリカに組み込まれていた。その後エジプトのアラブ人に占領され、十六世紀からオスマントルコの支配する所となった。一九一一年地中海対岸のイタリアがトルコに宣戦し、植民地化に成功したが、第二次世界大戦を経てイタリアが撤退し、イギリスとアメリカの肝煎りで四〇年後、リビア連合王国（イドリース王国）として独立出来た。この王国は一九六九年九月一日、カダフィ大佐のクーデターにより国名が「リビア・アラブ共和国」となった。一九七七年三月、人民主権確立宣言により、国名を「社会主義リビア・アラブ・ジャマヒリヤー国」と改称していた。

第二節　リビア製鉄プロジェクト

私が担当する事になったリビア製鉄プロジェクトとは、リビア政府機関のリビア社会主義人民共和国重工業省鉄鋼公社（EBISCO）より発注された年産一二〇万トン規模の製鉄所で、日本・韓国・西独・オーストリア・イタリア・トルコの六ヵ国、八業者が分割受注した、総工費約一兆一五〇〇億円、工事最盛期の建設要員は約一万二五〇〇名に達し、恰《あたか》も建設工事のオリンピックの感があった。

この中で東亜製鋼所はフルターンキーベースで、契約総額は日本円で約一七〇〇億円（当時）と東亜のプラント受注史上最大のものであった。内土建工事費は計三五八億円で、工事数量としてPC杭約一万五三〇〇本、コンクリート約二十一万五〇〇〇立方メートル、鉄骨重量約一万八〇〇〇トン等で示されるような大規模工事を施工した。

工事は昭和五十五年（一九八〇）十二月に契約調印され、翌昭和五十六年八月に、首都トリポリ市の東方約二一〇キロの地中海に面したミスラタ市郊外ガスラアファメッド地区の現地で着工し、土建工事は昭和六十年（一九八五）十一月末に一応完工した。ただ、出来上がった土建工事の基礎の上、建屋の中で各種機械の据付け工事が施工され、棒鋼・製鉄の試運転とも言われる「赤通し」が行われたのは昭和六十三年（一九八八）三月であり、プロジェクト全体では七年間の工期であった。ただ、このプロジェクトの受注競争には、日本鋼管・川崎重工業等他のグループも加わって、三井物産と組んだ当方グループの受注は難しいというのが直前の予想であった。予想に反して東亜グループが受託出来ることとなり、社内で慌てて施工体制を整える必要が生じたのである。東亜製鋼所が受注した個々の設備は以下のようであった。まず、生産設備として、棒鋼ミルと形鋼ミル、非生産設備として、建設用造水設備、建設用酸素設備、工場・酸素設備、ＬＰＧ貯蔵設備、水処理設備、中央試験センター、中央監視センターの全九設備であった。これにソフトとして工場操業者のトレーニングと設備の運転保守が含まれていた。

設計・施工の規準は細かい点を除いて全て英国規格に従って行われ、客先との間に「エンジニア」としてインドの設計会社・ダスツール社が介在して、設計・施工全般を管理した。

現地土木建築工事の外注体制は、土建工事一式を韓国の三星《サムソン》建設、海上工事を国土総合建設、杭打ち工事を大同コンクリートと中野組、土質調査を梶谷土質調査に発注した。日本国内での作業として、鉄骨製作一式を川田工業、杭の生産一式を大同コンクリート、工場建屋の壁・屋根材をオリエンタルメタル工業、その他多く資機材を国内外の業者に発注した。そして現地の施工管理を大成建設からの派遣技術員に充て、その他、国内での製作資機材の現地管理員として、大同コンクリート、川田工業、オリエンタルメタル等の製作元からの派遣者を任用した。また、設計業務は大建設計に発注し、設計業務と設計承認取得業務及び現地での設計図面管理業務を担当させた。さらに、現地での品質管理・施工管理などの補助員としてバングラデシュの会社から七名の派遣技術者を雇った。その上に我々の側に英国規格に詳しい英国人の技術アドバイザーも雇い入れ、工事期間中現地事務所に常駐の席を設けた。

東亜製鋼所の延べ二十数人の土建技術社員は、これらの外注従事者を束ねて、現地及び国内の事務所でプロジェクトを管理すると共に、客先やコンサルタントに対しての当事者として業務全般に関わった。そんな中で私の仕事は、先ず着工に先立ち現地で行う土質調査から、土建工事の杭等の基礎工事・建屋の鉄骨工事などの後、土建工事完工後のメンテナンス工事の管理まで、合わせて七年間の全工事に携わり、その内、計三年半はリビア現地で直接工事に従事する事になった。

第一章　初めてのリビア

第一節　ホテル事情と周辺状況

1　船のホテル

昭和五十六年（一九八一）二月四日

常子様

皆様お元気ですか、日本を出発して早や十日程になりますが、私の方は元気でやっておりますのでご休心下さい。

霧のロンドンを一月二十八日に発ち、眼下に西日に薔薇色に輝くアルプスの峰々を見ながら、このリビアに着きました。以後、トリポリで四泊、ここミスラタで三泊しました。トリポリでは街中のホテルが満室で、結局、港に碇泊《ていはく》中の船に泊まりました。船と言っても、元スペインの豪華な観光船で、リビア政府が最近借り上げたものです。名は「GARNATA号」、今でも三月中旬より秋までのシーズン中は地中海を周遊している五千～六千トン級の本格的な船です。プールもある内部設備は全て西洋式、船員は全員がスペイン人のようです。

快適な船の宿から、ここ現場近くのミスラタ市にあるミスラタツーリストホテルに移りました。このホテルは一九三〇年かってこの国がイタリアの植民地時代に建設された古いホテルで、市内では最高級のものですが、何せ土地柄、管理が十分でなく、船に比べて雲泥の差です。食事の内容を記すと

(朝) パン、バター・ジャム、紅茶又はアラビアコーヒー

(昼) コーラ又はオレンジジュース又はビター、とパン。リビアスープと野菜サラダ。スパゲッティ又は牛ステーキ。

(夜) 昼と全く同じ。というメニューで、ここ四日間変化は有りません。ただし、このリビアスープは存外美味しく、まだ飽きが来ないようです。(中身はイタリア米、牛肉の賽《さい》の目切りをトマトピューレによって味付けしたものです。)

目下このホテルは満室で、今後人員が増えると困るため、会社として民家(ミスラタハウス)を一軒借り上げました。三寝室に食堂とホールの付いた大きな家で、ホールを事務所にし、三部屋にベッドを購入して六、七人泊まれる設備にしようと考えており、あと十日程《ほど》で住めるようになると思います。当面そこに移っても自炊ですが、その内賄い婦とボーイでも雇って優雅に生活しようと皆で話し合っています。(写真—①) もちろん、工事が本格化する八、九月頃には現場近くのキャンプサイトに約三万坪の土地を与えられていますので、ここに大キャンプ村を東亜として造ります。下請も含めて最大三千人以上の人間が住むことになるでしょう。(東亜及び関係会社の社員は五、六

写真―①　リビア・ミスラタハウスで、近所の子供達と

畳程度の個室付）

現在、筒山課長、小原君の二人が二年間の予定で来ており、私と高井君が出張の形で来ています。この他に営業と業務の人間が三人いますが近い内に帰国します。私以外の三人はトリポリとミスラタの間を行ったり来たりしており、私が三日ほど前から、下請けの者四人（近い内に三人増え、計七人）と共に現場で測量と土質調査を始めています。

仕事の方は順調です。ただ、インド人はともかく、客先リビア人の判りにくい英語の発音には閉口していますが、まあ、何とか話合いは出来ています。

天気は今日も雲一つない快晴ですが、風がやや強く、朝晩の冷え込みは厳しいようです。それでも、昼間は二十度ぐらいまで温度が上ります。現場の北側は地中海岸で、地平線の見える全くの平地、約二百四十万坪の広大な敷地（南北約二㌔、東西約四㌔）で、晴れた日の海の色はまさに青色、本当に綺麗です。椰子（なつめ椰子）の木も周辺には生えており、やはりアフリカという感じがします。残念ながら写真撮影には厳しい制限があるので、良い写真は撮れそうもありません。

リビアは建国後漸《ようや》く十年、旧習の低開発国から、石油資源を基幹として近代国家に脱皮しようとしている途上で、どの町も新旧のアンバランスが目立ちます。スラム化している古い家（土と石で出来たもの）を壊して、新しい大きな道を至るところで造っています。

今、午後七時、ホテルの前にあるモスクのミナレット（尖塔《せんとう》）から、日没時のお祈りへのお誘い（アザーン）が聞こえます。夜九時半頃にはテレビで寝る前のお祈りを放送しています。モスクの内部も覗《のぞ》いて見ましたが、大理石の床に上に色とりどりの絨毯《じゅうたん》が敷き詰められているだけで、まだ、そこで人々がお祈りしているのを見たことは有りません。街の中で女の人（リビア人）を見かけることは殆《ほとん》どなく、市場（スーク）でのパン、菜、肉などの買物はすべて男性がやっています。

先日、トリポリとミスラタの中間にあるホムス市に生家のあるリビア人（会社で今年から雇うことになった人）に招かれて、その家で一休みしましたが、その時も彼の兄さんの奥さんは顔を見せませんでした。甘ったるいアラビアコーヒーを、絨毯を敷き詰めた居間の敷き皮の上で胡座《あぐら》をかきながらいただき、十四歳というその家の長男とちょっと英語で会話しただけでした。

一昨日は突然電話をし、驚いたことでしょう。やはり、約二万㌔離れた国際電話、話がツーカーとならずに戸惑いましたね。このホテルのフロントにある古ぼけた電話機のダイヤルを直接0081774534222と回すだけで掛かりました。エライものです。試験的に掛けたのですが、料金が高いので、そうそう気軽に掛けられません。何せ、観光国でもないため、絵はがきも見当たらず、手紙を書く余裕もなかったので、一言だけ電話致しました。

街中では英語は全く通じません。また、すべての標示はアラビア文字です。（数字でさえ……）トリポリのホテルでは英語が通じましたが、ここミスラタでは全く駄目です。下請けの人間が何回もリビアに来ているので、片言のアラビア語が話せ、何とか用が済んでいます。

帰国の予定は、まだ仕事が軌道に乗り出したばかりの時で何ですが、一ヵ月のビザが切れる直前の二月二十五日トリポリ発と考えています。スペインのマドリッドまたはパリ経由のつもりですが、日によっては、またロンドン経由になるかも知れません。

手紙は、聞くところによると、日本まで一ヵ月近くかかるという人もおりますので、この手紙の着いた日を記録して置いてください。案外、私の帰国の方が早くなるかも知れません。

リビア・ミスラタのホテルにて

一樹

【付記】

最初の出張時、リビアからの初めての手紙である。入国していきなり船のホテルに連れて行かれたのには驚いた。空港まで出迎えてくれた商社の人に案内されて船に辿り着いたのはもう夜であった。黒人の受付に言われるまま入った船室は、窓のない内側の部屋でシングルベッドとシャワーコーナーだけの小さな空間であった。碇泊中の船のためか、照明は極端に暗く、目を凝らさないと周辺事情が判らない。それでも早速ロビーに出て先着していた数人の同僚社員に、暗いので顔を覗き込むようにして挨拶した後、シャワーを浴びると直ぐに寝入ってしまった。夜中、目が覚めたのは船の揺れを感じた為であった。風が強いのか、頭と足の先方向に上下に揺れるローリングが激しく、特に頭が沈み込むように下がるのは特別の感覚があった。

ミスラタのホテルは第二次世界大戦の時、ナチスドイツの「砂漠の狐」と異名のあるロンメル将軍が北アフリカで戦車部隊を率いて跳梁《ちょうりょう》した際泊まった事もあるという歴史的なホテルであるが、管理が行き届かないのか、ベッドは人の型に窪み、シャワーは湯が出なかった。三階建ての外観はともかく、内部は荒れた感じのする薄汚いホテルであった。

ホテルに関しては、もう少し後の話になるが、トリポリに出掛ける事があり、まず第一に宿探しが必要であった。現地雇用のリビア人を通じてホテルを確保するのであるが、一人で泊まる場合も、最初は二人として部屋を確保しなければならない。ホテルの部屋は二人一室が基本であるため、シングルで泊まれるホテルは殆どない。その時も二人で泊まる事で部屋を確保できた。宿の名前は忘れもしない「ホテル・クレオパトラ」。一人で宿に着いて、もう一人は明日か明後日に遅れてくる事になったと申告してツインルームに泊まった。三日目の夜、さあ、寝ようとしていた時、一人の髭面《ひげづら》の大男が俺の部屋だと鍵を持って入って来た。フロントに理由を聞くと、「お前はもう一人の連れが遅くとも明後日には来ると言って泊まったが、誰も来ない、部屋が無いので相部屋にした」と、事前に通告無く他人に部屋を割り当てた。件《くだん》の大男に話を聞くと、エジプト人で医者だと言った。そして相部屋はリビアではよくあることだと澄ましていたが、その夜はさすがに、まんじりとも出来ず夜が明けた。日本では考えられない程の宿不足と、その対応であった。

この出張の帰りは、トリポリからフランス第二の国際航空会社・UTAを利用してマルセイユ経由でパリに行き、そこからエールフランスでアンカレッジ経由の成田空港行きというルートにした。初めてのパリ、エッフェル塔や凱旋門等を見物して一泊、翌日シャルル・ド・ゴール空港で搭乗手続をして機内に入ったが、ビジネスクラスの筈がエコノミー席になっていた。直ちにスチュワードを捉まえて誤りを訴えたが、航空券の控えは見もせず、搭乗券のエコノミーマークを指さして、当方の異議を退けた。その後、日本人のスチュワーデスの計らいで航空会社のミスと判断され、給油で降機したアンカレッジから成田間はビジネスクラスの席に移動して帰国出来た。パリと成田間の運賃の差額は後日会社に返納され、私はエールフランスの東京支社から詫び状と共にクラッチバッグを受取った。

シャルル・ド・ゴール空港で、ニューヨークから到着したばかりのコンコルド機がターミナルビルに向かって機首を折り曲げた独特の格好で、まさに巨大な「怪鳥」の異名通り走っている姿が見られたのは収穫だった。当然、何時かは乗って見たいと思った。

第二節　リビア赴任の当初

2　現場の衣食住と仕事

昭和五十六年（一九八一）九月十二日

皆様お元気ですか。日本を出て一ヵ月半、九月も早や半ばを過ぎました。当地でもさすがに朝夕はめっきり涼しくなり、爽やかな気候になりつつあります。それでも、日中は三七～三八度迄《まで》気温が上がります。雨は、一週間ほど前、ほんのパラパラと降っただけで、毎日カンカン照りの乾季です。日本は今、夏も終わり多少残暑があるぐらいでしょうが、台風シーズンですね。先日の十五号台風、東北地方に被害が出たそうですね。十八号は大阪に行きましたか。

父上はテレビの相手だと思いますが、元気な事と推察します。母上の畑仕事、秋茄子《あきなす》の出来はどうですか、寝込まぬ程度ほどほどに……貴方はお勤めご苦労さんです。朝が早いですから夜早く寝て下さい。私がいない事を幸いに、いつまでも本を読んでいては駄目です。汚水用浸透式タンクの調子は良いようですか。三二万円の値打ちがあれば良いのですが……。水洗トイレも使えるでしょう。宇治のご両親もご健在ですか。時々泊まりに行っていますか。早番の時ぐらい厄介になってはどうですか。山田家の皆も元気な事と思っています。夏休みには華子や淳一も来た事でしょう。
会社からお金は送ってきましたか。（現金書留で……）給与は明細表のみ送ってくる筈ですが……。雑誌や会費は請求があっても払わないように、一時中止しますから……。手紙が来ていれば、内容により適当に返事をしておいて下さい。当方からは、まだしばらくして落着かないと手紙を出す余裕は無さそうですから。
当方の様子、簡単にお知らせします。

【衣】上は半袖シャツにネクタイなし、下は半ズボンにもなる例のチャック式取り外し可能なズボンか、空色のデニム（綿）という軽装の毎日です。洗濯は週に一度まとめてやりますが、乾季のため二時間ぐらいでカラカラに乾きます。

【食】朝は、このミスラタ東亜ハウスで、ゆで卵、パン、ミルク、ジャムまたはバターという軽食で、自炊で済ませています。昼と夜は、約二十キロ離れた所にある現場・キャンプの食堂に車で行き、二人の日本人コックと一人のガーナ人（黒人）のお手伝いが作る日本食（必ずご飯と味噌汁があります）を食べます。量も多く、メニューも多彩で飽きる事はありません。西《すい》瓜《か》、瓜《うり》、葡萄、バナナ、りんご等の果物も豊富です。

【住】ミスラタ東亜ハウスに居ます。二月と四月の出張時に来て居た所で、現在、東亜社員を中心に八〜九人が三部屋に分かれて住んでいます。テレビもあり、シャワーも何時でも入れるようになっており、掃除人（パキスタン人）が毎日来て綺麗にしています。他、庭にある使用人小屋には二人のスーダン人が住み込んでいます。彼等は昼間、事務仕事を手伝っています。

【仕事】仕事は、このミスラタハウスの一室にある事務所で約一日の半分を過ごし、あとは、ここから約二十キロ離れた所にある土質調査現場の見回りと下請業者（韓国・三星建設）と客先との打合せの毎日です。現在、日本人は下請けを含めて六十人ほど居ります。他に運転手等で十人ほどのリビア、スーダン、ガーナ、ユーゴ、チェコ、パキスタンの各国人を雇っています。

私は土建グループ用としてタクシーを一台雇っており、これであちこち移動します。久保山課長も一週間ほど前インド・カルカッタから直接リビアに来られ、土建グループ長として仕事をされています。

事務所は、今月末か来月初めには現場の中に仮事務所が出来るので、そこに移りますが、宿舎は十一月初めまでここになるでしょう。十一月初めには、キャンプ地に本宿舎が出来て全てが楽になります。

【その他】新聞は、日経・朝日・産経・スポーツニッポンが約十日遅れで届きます。雑誌は週刊誌が届きます。先日、地中海でリビア機がアメリカ軍に撃墜された事、大きな記事になっていたのには驚きました。もちろん、当方には何の影響もありません。ご休心下さい。

公式な席は全て英語ですが、大分慣れてきました。英会話だけでなく、英文手紙のやりとりが多く、タイプ打ちも仕事の内になって来ました。ただ、韓国の担当者は、片言の日本語を話すので気が楽です。時々こちらの意味と違う解釈をするのには困りますが……。

こちらの給料はまだ手にしていません。お金を使うのはタバコを買う事と街の散髪屋に行ったときぐらいですから、全く無しでも不都合は有りません。

来年三月か四月には休暇で帰ります。香港にでも一緒に行きましょう。パスポートを用意しておいて下さい。


【付　記】

出張中に出したリビアからの第一報に次いでこれが第二報である。第一報から半年ほど経過しているが、この間、いろいろ忙しかった。

まず、三月中旬に韓国・蔚山《ウルサン》に行き、仮設ハウスのメーカーでその品質・価格・工期等を調査した。次に三月末から五月初めにかけての五週間、再びリビアに出張し、二月から開始している現場の土質調査の管理監督に赴き、客先にも対応した。翌六月半ばから七月中旬までの約一ヵ月間、インド・カルカッタ（現在のコルカタの旧称）に出張し、リビア客先との間に介在して設計管理を行っているダスツール・エンジニア会社に出向き、他の多くの社員と共に設計協議と承認図受取りの作業に関わった。（写真―②）

そして七月二十七日に離日してリビア赴任が始まった。

まず、手紙にある自宅の事情。妻・常子は京都府城陽《じょうよう》市の郊外・青谷《あおだに》の自宅で私の老両親と同

写真—②　カルカッタのビクトリア女王記念館（インド）

居しながら高槻《たかつき》市の保育園に遠距離通勤し、保母として勤めていた。父はテレビの番をして、母は近所の畑を借りて野菜作りに精を出していた。「汚水用浸透式タンク」とは、台所や風呂、水洗便所の排水を底が砂地の浸透式タンクに溜めて処理するため、四年前の購入時から有った滲透漕を最近改修したもので、要した費用が三二万円であった。その効果が心配であった。結局、その後水洗便所の排水まで処理するのは無理と判断され、別途汲み取り式便所を新設する事になった。従来の水洗便所は来客用にのみ使用する事にした。

「宇治の家」は妻の実家である。その義父に宛てて四月の出張時に、リビアの事情を記した手紙を出している。山田家は妹の嫁ぎ先、華子や淳一は姪と甥である。両家とも城陽の自宅に近い位置にあり、日頃から頻繁に行き来していた。

　現場の方、工事はまだ始まっていなくて、また、事務所も宿舎もミスラタハウスと呼んでいた借り上げ民家を使用している段階であった。ミスラタハウスはミスラタ市街地を挟んで現場とは反対側にあり、敷地が約五〇〇坪、床面積は約一七〇平方㍍の大きな家である。ここから現場まで毎日車で約二十㌔を往復していた。先行して設置したキャンプ地の食堂で日本人コックの作る食事内容は本格的で、食に関しては何の問題も無くなった。

まだ九月なのに、気の早い事に来年三月の休暇帰国の話を書いている。早めに妻にパスポートを用意させようとしたのであるが、彼女も勤めのある身、結局、リビア赴任中、休暇期間に一緒に海外に行く事は出来なかったが国内旅行には何回か行けた。

3　当初の宿舎事情

昭和五十六年（一九八一）十月三十日

今日は休日（金曜日）、夕食後この手紙を書いています。夕食はビフテキにトウモロコシ添え、胡瓜の豆腐和え、わかめの味噌汁、ご飯というメニュー、食後の果物はリンゴでした。

キャンプは今、日本人約六十名、バングラデシュ人三十八名、シンガポール人三十名、韓国人約一六〇名、その他（インド、パキスタン、ガーナ、エジプト、ユーゴスラビア、リビア、スーダン人）約十名という構成です。

現在、大急ぎで日本人用個室宿舎を建てていますが、十一月末近くまでかかるでしょう。個室は五畳ぐらいの部屋で、ベッド、机、椅子、ロッカー、が備えられます。今のところ私を含めて約十名の者が以前書いたミスラタ郊外にあるハウスに居住しています。

一週間ほど前から季節が変わり、いよいよ雨季（と言っても雨量は日本の十分の一ぐらい）に入りました。雨はザッと降りますが、あとはカラッと晴れます。気温も朝夕は二〇度を割る日もありますが、日中はまだ三〇度近くまで上ります。ただ、風が強い日が目立ち、地中海の波も高く、海上での工事が次第に難しくなって来ています。

日本を離れて早や三ヵ月、あっという間に過ぎた感じですが、貴方は如何？　十月の五連休にギリシャのアテネ行きを計画、切符まで予約していながらビザが間に合わず断念しました。その後、土建グループも八人に増え、閑を見て休暇をとり、マルタ島に行くつもりをしていますが、連日仕事に追われなかなかチャンスが見付かりません。一方、十一月中旬にロンドンまで社用で出かけることになりそうで、そのついでにどこかへ遊びに行けたらと考えています。もう、その頃のロンドンは冬支度が必要でしょう。

この前、阪大の大前先生にリビアの切手を同封して手紙を出しました。ただ、郵便事情が最悪で、いつ着くか、届かないかもしれません。確実にこちらに届けるためには、東亜・神戸本社のリビア建設部に手紙を同封した手紙を出し、誰かリビアに来る者に託送して貰うのが良いでしょう。月に三度ほどチャンスがあります。この手紙は十一月七日にリビアを発ち日本に帰る人に託送する予定です。

会社から電話で給与の事連絡が有りましたか。十月末で今までの海外勤務手当の一部が銀行に振り込まれることになる筈です。これが月額八万〜九万円と超勤手当が約一四万円、それに現地で貰う手当は約一八万円ほどですが、食費と雑費で約五万円差し引かれます。但し、今までの給与は約八〇パーセントに減額されます。まあ、給与総額はザッと従来の二倍ほどになるでしょう。

先日、久保山課長が自宅に電話された時、奥さんが子供連れでこの年末年始にパリ・ロンドンの旅行に来られるとか、課長はロンドンまで出迎えて、三日ほど一緒に過ごす予定のようです。貴方もどうですか。休みが取れますか。いずれにしても、今度日本に帰った時は香港ぐらいには行きましょう。そのため、是非パスポートだけは用意して置いて下さい。早ければ二月、遅くとも四月でしょう。

【付　記】

私を含めた十名程がミスラタハウスに滞在していたが、その他の日本人約五十名は現場の食堂棟の近くに設置したコンテナーハウスに二段ベッドを入れて居住していた。間もなく完成する個室の宿舎が出来るまで、食事を別にすれば最も生活が困難な時期であった。

東亜が受託した製鉄所の九つの施設の内、最初に八月十日に着工、海底の掘削工事を開始した

写真—③　造水プラント・取水口の海上デッキで
（リビア・客先とインド・コンサルタントの技術者達と共に）

のはＴＳ１と呼んでいた建設用造水設備であった。この設備はプロジェクト全般の建設工事に使用する水を、海水を淡水化して造る設備で、まず日産五〇〇トンの造水設備を一基、そして日産二二五〇トンの設備を二基作る必要があった。製鉄所敷地の海岸から約五〇〇〇メートル沖に設けるプラットフォームから、海底埋設配管によって導入された海水を造水設備に供給し、そこで海水を加熱して発生した蒸気を冷却して脱塩した真水を造るものである。

　工事は作業船をトリポリに所有していた国土総合建設㈱に発注した。埋設配管を設置して間もなく、全く予期しなかったが、一年性海藻の大量発生による海岸での大量堆積のため、直径八〇〇ミリのポリエチレン管が圧損する事故もあり、一年余の期間を経てようやく完工した。写真—③は、その後完成した海上プラットフォームでの記念撮影で、右端は筆者、左端が国土総合建設の責任者、中の六名はリビアの客先とインドのコンサルタントの担当者である。

大前先生とは阪大の大前教授で、三年前ソ連（当時）のモスクワで開催された橋梁と鉄骨の国際会議の副議長を先生が務められ、誘われて同行した事が縁で、その後も御付き合いさせて頂いていた。先生は大の切手収集家なので、英国で印刷されたリビアの切手シートを何枚か同封して手紙を送って、大変喜ばれていた。

社用のロンドン行きの件は、次の手紙で説明する。

4　ロンドンよりこんにちは

昭和五十六年（一九八一）十一月七日

イギリスよりこんにちは！　今、ロンドンに来ています。昨日、リビアよりやって来ました。ロンドンはもう初冬の感があります。ホテルは前回と同じパークレーンホテルです。ハイドパークとグリーンパークに挟まれるようにして在り、バッキンガム宮殿も直ぐそばです。ホテルの前のプラタナス並木は落葉盛んで、グリーンパークも枯葉が乱舞しています。夕方は五時前には暗くなり、時々雨が降るか、霧が立ち込めるという陰鬱な気候が続いているようです。温度も低く、最低は六度ぐらいで、もうコート無しでは歩けません。雨季に入っても、眩《まぶ》しく太陽が輝くリビアとは大きな違いです。

ロンドンには、インドのカルカッタから当社の鳥飼君が直接持参してくる設計図面の受取りと、彼との打合せの為に出て来たのですが、彼はまだ着いていないので、韓国の業者（当社の下請け）のロンドン事務所にも立寄り、打合せを行いました。ただ、東亜のロンドン事務所は今日休みになっており、公用はそれぐらいで休暇と同じようなものです。明日も日曜日、ゆっくり出来そうです。

今日はピカデリーサーカスの近くの美術館で「江戸大美術展」という展覧会が目に付いたので、チョッと立寄って見ましたが、一六〇〇年から一八六八年の江戸時代、この頃の日本の美術品がギッシリ展示されていて驚きました。狩野元信《かのうもとのぶ》・探幽《たんゆう》、円山応挙《まるやまおうきょ》、歌麿《うたまろ》、北斎《ほくさい》、果ては宮本武蔵まで、尾形光琳《おがたこうりん》、俵屋宗達《たわらやそうたつ》もあった、円空仏も多かった。という訳で、なかなか日本でも同時に見られないような内容でした。そうそう、その前にホテルの理髪店で二ヵ月半ぶりに散髪をしました。ただ、料金は日本円で約六千円というべら棒な値段でした。もっとも、イギリス特にこのロンドンは物価の高いのが有名で、他国からの駐在員も一様にこぼしているようです。このホテルの宿泊費は朝食を入れて一泊約二万四〇〇〇円です。日本の約二倍ですね。

さて、そのあと百貨店ハロッズに行きました。世界的に有名な店です。〝おめでとう結婚十五周年！〟と言う事で、貴方にバーバリーのコートをプレゼントしようと思い、日本に送らせるつもりで見ました。……が残念ながら取り止めました。悪しからず。理由は、まず型が何種類も有り、色ももちろんサイズも問題ということです。価格は日本円で約八万円と割合高いものです。もっとも日本では一〇万円以上はするでしょう。ここロンドンから送れば確実に着くでしょうが、簡単に買い換えが出来る物ではなく、まあ、来年、日本に帰ってから改めて貴方が気に入った物を日本で買うことにしましょう。

明日（十一月八日）はロンドンを離れて、フランスとの間にあるドーバー海峡でも見物に行こうかと考えて居ます。リビアには十一日頃帰る予定です。

久保山課長の奥さんが正月にロンドンに来られる事は取り止めになったようです。来年三月頃に変更したとの事。

親父殿の喜寿の祝いも来年になりますね。尚、野島家の御両親にも、ここロンドンから手紙を出しておきます。母上にも宜しくお伝え下さい。

ロンドンのホテルにて……　一樹

【解　説】

ロンドン出張時の手紙である。

土建工事の正式な着工許可は、客先より八月四日に出された。着工して三ヵ月が過ぎ、施工工程に設計が間に合わない工事が各設備で出てきた。土建工事下請けの三星建設からも矢の催促が来て、インド・カルカッタで行われている設計図書の承認作業を急ぐように本社に督促していた。結局承認済みの図書を航空便や次の赴任者に託していては間に合わないと判断し、カルカッタで設計協議をしている土建グループの鳥飼君に、承認済みの設計図書を直接ロンドンに持参させ、私がリビアからロンドンに出向いて、それらを引き取って来ることになった。鳥飼君は、その時点でリビア政府の Invitation Visa（招待状）がないため、カルカッタから直接リビア入りは出来ないし、一方、私はリビア国内に滞在しているので、比較的簡単に取れる Reentry Visa（再入国ビザ）でロンドンに出られるという事情があった。

九日の月曜日、鳥飼君がロンドンに到着して支店で無事承認済みの設計図書を引き継いだ。その夜ホテルで、虫歯の大臼歯が強烈に痛み出し、朝まで殆ど眠れなかった。翌朝、会社の近くの歯医者に行き、抜歯したが全く何の痛みも感じなかった。医者はドイツ系のドクター・メンデルゾーン、名医だったと思う。リビアで痛くならず本当に幸運だった。その夜、支店長のお誘いで鳥飼君と共に日本料理店で御馳走になったが、抜歯直後の私が何のためらいも無く、料理を平らげ酒も飲むのを見て支店長は驚嘆していた。

八日は、ドーバー海峡までは行かず、その手前のカンタベリーに行き、同地の大教会の有名なステンドグラスなどを見物した。

第二章　工事準備と初めての年末年始

第一節　現場の初期段階

5　ロンドンでの事件の顛末と宿舎

昭和五十六年（一九八二）十二月十日

十一月二十六日の手紙、十二月四日に受取りました。やはり託送便は確実です。毎月三～四回程度のチャンスがあります。今後も続々と新しい赴任者がリビアに来ます。多少手数がかかりますが、これからもそうして下さい。

さて、四連休で父母も留守、貴方一人応接間で炬燵《こたつ》に入り、テレビと対面、小さな手帳を見ながら、日記風に綴った手紙、面白く拝見しました。だんだん眠くなり筆の乱れが見えるのも貴方らしい感じです。

その手紙に対応した返事を書きます。

父母の天橋立《あまのはしだて》行き、距離から考えて日帰りと言うのは無謀です。バスに乗って往復しただけになったのは当然でしょう。また、休日を選んだのも悪かったですね。やはり、一日は最低普通の日にすべきでしょう。

今年の日本は寒さが厳しく、早くやって来ているとの事、十日程遅れて届く日本の新聞でも見ています。全員風邪を引かないよう気をつけて下さい。神戸は初雪とも聞いています。浸透式の浄化槽巧《うま》くいって結構でした。水洗トイレも殺菌剤を入れれば充分使用できるでしょう。ただ、物置の前、大きな場所をとって、犬の居場所が無くなったのではないですか？　もし、吸収しなくなったら、ヘドロを掃除（砂利と共に出し、洗う）すれば元通りになるでしょう。

八月十日〜十二日、父母は山田家一同と熊野灘に行ったとの事。保養所でしたか、盆も近く海は波が高かったことでしょう。子供達にはいい経験でしたね。その間、宇治の御両親に交代で泊まって頂いた様子、楽しかった事と思います。台風も来なくて、母が喜んでいるでしょう。風が強いと、門が心配です。私のバイクはどうしました？　妹が乗っているのですか？　帰国した時に散歩用に乗るから、従来の古いバイクも手入れして置くように言っておいて下さい。

座敷の大掃除、石灰でも撒《ま》かないとなかなか湿気は取れないでしょう。新聞紙も多目に敷くことです。岩成の叔母さんの入院、直ぐ退院されたとの事、何よりです。いろいろ母も忙しいようですね。この現場では尿道結石の患者が出て、ミスラタの病院で手当てして貰ったようですが、一時は石灰分の多い水の性だとの話もあり、心配しましたが、本人には前からその気があり、辛い物好きも原因の一つと判り、他の者もホッとしています。

京都円山《まるやま》公園のちゃんこ料理美味しかったとの事、私も姫路市内の元大関・増位山のやっている店で食べたのを思い出しました。鳥羽《とば》の旅行、季節の良い時でよかったことでしょう。オープントースター、古い物も取替える時期、グッドタイミングでしたね。

秋らしく栗や柿の話、当地は前も話したように、なつめ椰子の産地、十月中旬までミスラタハウスの庭にある木の実も熟し、黒い実が沢山落ちているので、洗って食べましたが、これが日本の柿の味に似て、美味しく栄養価も充分との話です。街でも、この実から種を取ったものを圧縮した四角い塊にして売っています。缶詰も有ります。

十月二十三日加茂・岩船寺《がんせんじ》、休日でもないのによく行けましたね。

十月二十六日の写真、リビア砂漠を背景にした写真なのかと言う質問ですが、工事現場（サイト）の空地で社内のソフトボール大会をした時のもの、このあと約一週間は足腰が痛く、走った時も足がもつれ、最早「とし」と言う感もしました。それでもピッチャーとして頑張りました。

我々が結婚して十五周年、何婚式でしたか。早いものですが、まさか銅婚式では……。

十一月三日比叡山行き、ご苦労さんでした。まだまだ若いようですね。

赴任時には七月パリで、十一月にはロンドンで、ずい分地下鉄の世話になりました。何回乗っても、ロンドンの地下鉄は地下深い所にあるので驚きます。

十一月十六日にそのロンドンからの便りが着いたとの事、その時予定が少し延び結局、十一月十四日まで滞在してリビアに帰りました。今だから言いますが、ロンドンに着いた夜、当社ロンドンオフィスの歓迎会で約百日振りにウイスキーを飲んだのですが、思ったほど酔わなかったのです。

ところがその夜、ホテルで急に奥歯が痛み出し、朝まで寝られなかった。翌朝、痛みが治まったので、下請の三星建設㈱に顔を出し、打合せを行ったりしていたのですが、昼過ぎからまた、痛み出し、戸外で口を開けて、寒い初冬のロンドン風を入れて患部を冷やしながら歩いていました。その夜また、痛くなりました。結局、金曜日の夜から土日と歯医者の閉院時で、ホテルで聞いても駄目、セデス錠で抑えて、月曜日になり、当社の事務所から翌日の歯医者に予約を取って貰い、火曜日の朝、抜いて貰いました。歯は二年前大阪で診て貰った時から悪かった右上あごの奥歯（大臼歯）で、相手となる下の歯が何年か前から無く、悪くなってきたものでした。歯医者は会社の近くに有りました。メンデルスゾーンと言う名の若い医師と抜く、抜かないで問答したのですが、結局麻酔をかけ、十分間ほどで見事に約二チセンの歯を抜き、心配した事後の痛みも全くありません。まさに名医に抜歯して貰いました。痛みが無かった事は、その晩、ロンドン事務所長の招待で日本料理屋「菊屋」に行き、鍋料理で日本酒をやりながら所長が驚くほど鱈腹《たらふく》食べ、ケロリとしていた事で判るでしょう。但し、保険が無く現金で支払った治療費は十五ポンド、（日本円で約七千円）でした。

抜いた歯の跡はその後もずっと良く、本当に巧い具合にロンドンで悪くなってくれたと思っています。一方、当現場事務所の筒山課長は夏以来同様の歯痛に悩まされ続けていますが、リビアの医者には掛かりたくないと何とか我慢をしています。

給与は毎月、全ての天引き（勤務先預金・持株会・財形貯蓄・保険等）した残り約三〇万円ずつ、住友銀行の普通口座に振込まれている筈です。じっくり落着いて考えて見ないと、一体、毎月いくらになるのかハッキリしません。ボーナスは十二月四日に出たのですが、明細書はまだ届いていません。久保山課長の話では、管理職は七㌫カットとかで、私の方も影響を受けて多分夏より少ないのではないかと考えています。

　リビアとアメリカの関係、テレビで何となく判ります。もちろん、日本の新聞でも……しかし、内部に居ると全く何も感じないと言うのが実感です。

　さて、今日は十二月十日、赴任して四ヵ月半、来月末に六ヵ月になり、一ヵ月の休暇をとる権利が出来ます。他の人や仕事の都合を繰合わせて、今のところ、二月中旬から三月中旬までの一ヵ月を休暇として予定しています。一番寒い季節で、ちょっと残念ですが、寒さついでに北海道にでも旅行に行きますか。雪祭りはもう終わっている事でしょう。

　寒さと言えば、このリビアも朝の冷え込みはかなりきつく、今のところ八度くらいです。ただ、日中は雨季とは思えぬ好天が続いており、ポカポカした良い気候です。また、風が吹くと砂が舞い凄い事になります。

　十二月四日より待望のキャンプの宿舎に入りました。約六畳の個室です。大和ハウスのプレハブですが、ベッド（マットレス、敷き布団、掛け布団、毛布二枚、シーツ、枕、布団カバー付き）、衣類ロッカー、机、椅子、小型冷蔵庫、冷・暖房兼用のエアコンが付き、机スタンド、枕スタンド、天井には四十ワットの蛍光灯二灯付きという非常に明るい感じの良い部屋で、全員に好評です。相部屋に別れを告げ、一人でのびのびと寝られます。夜は読書をし、エアコンもつけずに寝て丁度良いくらいです。

ただ、食堂、娯楽室（共に体育館のように広い）、風呂は明日の夜から利用開始になります。これから一年半以上居る部屋ですから、ミスラタ織の絨毯、本棚等を揃えて行きたいと考えています。窓からはテニスコート三面が見える筈（来春までに造る予定）です。

そろそろテニスの練習でもしようかと思います。と言うのは、久保山課長がなかなかの腕で、明日（金）の休みには下請けの韓国の業者（三星建設）と試合をする誘いを受けており、また、三星の人も口を揃えて運動するように勧めてくれますから……。ラケットとボールはロンドンで買ってきました。

久保山さんと言えば、奥さんから託送品（本・衣類など）や手紙が次々と送られて来ますが、奥さんの写真も入っており、それが何となく元気が無いので電話で確認されたところ、やはり、父親が留守で育ち盛りの子供達との生活は心労も大きいとの事で可なりやつれておられるとか、課長ご本人も現場で神経の使い過ぎか、以前悪かった胃炎が再発しそうだと話をしており、ちょっと心配な様子です。

そんな事もあり、来月には課長はちょっと日本に帰られるかも知れません。貴方は何でもが美味しく、体重も変わらず元気との事、結構です。私も腹が少しへこんだくらいで、体重も変わりません。ご安心下さい。もし、久保山課長が持ち堪えられたら、一月に休暇とは別に仕事で、私が一時帰国する可能性も有ります。その場合、そのまま休暇を引続いて取るか、一旦リビアに帰るか、全く判りません。まあ、余り当てにしないでいて下さい。私自身としては、帰国途中に自由に動けない仕事で帰るより、休暇だけで帰る方を望みますが……。

まあ、いろいろ書きましたが、正月には電話します。年賀状は出さないで結構です。良い正月を皆さんと一緒にお迎え下さい。

切手を一枚送ります。リビアの遺跡にある「馬のモザイク」です。父にプレゼントして下さい。午年生まれで馬が好きですから。

（この手紙はいつ託送するか決まっていません。日本から来る人は多いのですが、リビアから日本に帰る人は、今は少ないので……）

【付　記】

託送便とは、日本からリビアに来る赴任者やリビアから日本に帰る休暇帰国者の荷物の中に個人的な手紙や業務上の書類を入れて送る事で、リビアの郵便事情が悪く、相互の手紙や小包が行方不明になる事が頻発したため、出来るだけ託送便に依る事にし始めていたのである。私自身も、リビアの郵便で二回ほど手紙が届かなかったり、二ヵ月もかかって届いたりする事があった。

前半は、常子が手帳を見ながら日記風に日常生活の報告をしてきたのに対し、逐条の感想や指示を脈絡なく記している。この頃、父母はよく旅行に出掛けていたようで、その留守中、妻の実家の宇治の両親が交代で城陽の拙宅に寝泊まりしに来ていた様子、さぞ楽しく過ごした事と思う。また、

図—①　リビア・ミスラタの家

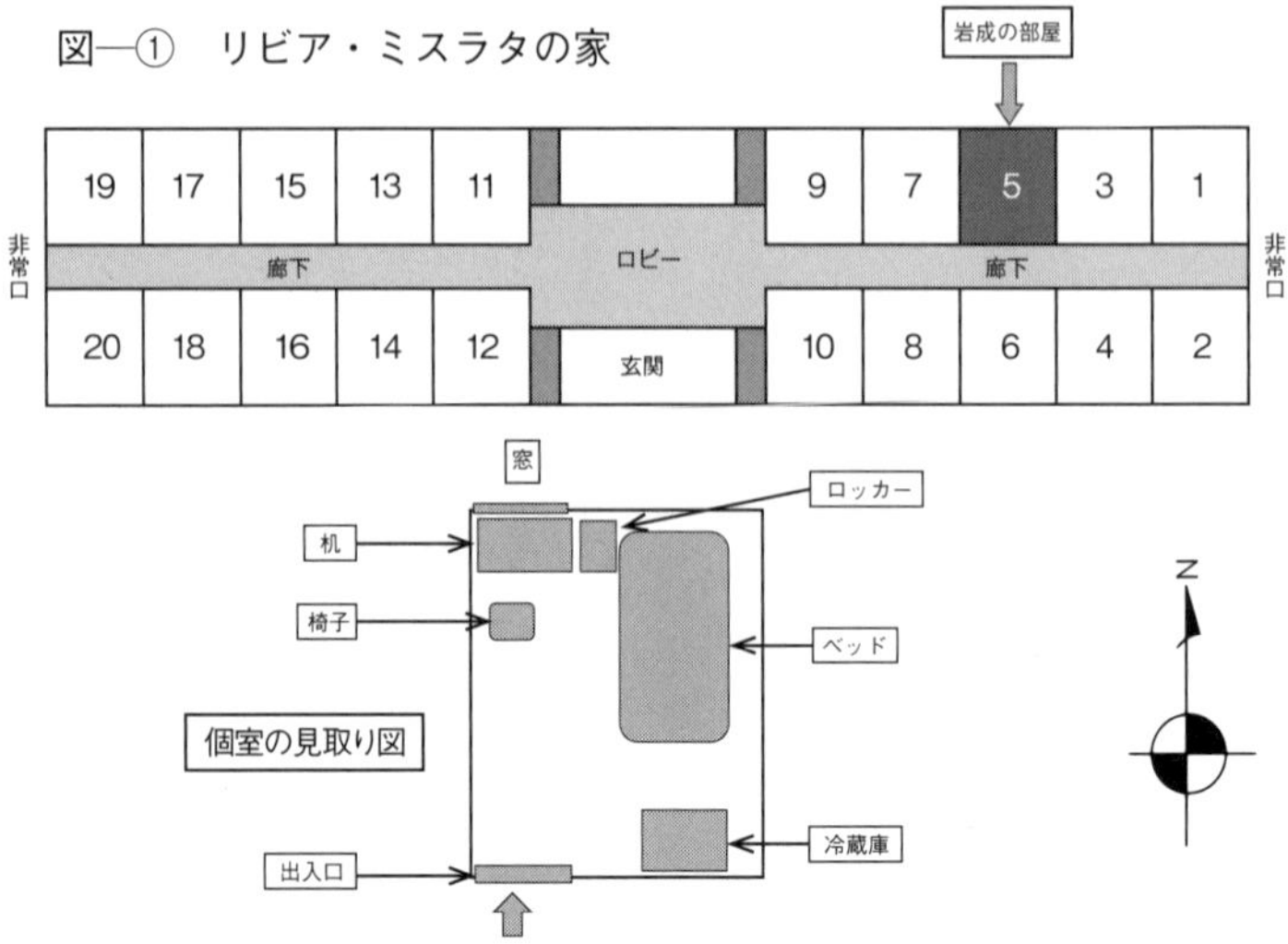

宇治の両親と共に常子も何回か旅行に同行していたようで、帰国時に色々話が聞けた。

リビアの水道水は石灰分の多い硬水で、やかんの内側に分厚く石灰分が驚くほど付着している。その為か歯の調子が悪く成りがちで、休暇帰国時によく医者に通った。しかし尿道結石とは直接関係は無さそうであった。

結婚十五周年は、後で調べてみると、水晶婚式で、銅婚式は七周年記念であった。

手紙の後半、ロンドンでの虫歯治療の顚末を詳しく白状している。当時、保険無しで支払った七千円の出費は大きかったが、その額に見合う治療内容であり、満足した。また、プレハブながら待望の新宿舎に全員が入居でき、本腰を入れて仕事が出来そうとの意気込みが覗える。

帰国休暇の件、ここでは滞在六ヵ月で一ヵ月間の休暇が貰えるように書いているが、直後から八ヵ月滞在ごとに一ヵ月間の休暇と定められた。これが後（再赴任時）には、八ヵ月は長過ぎるとの事で、六ヵ月毎に三週間の休暇と改められた。

リビア赴任時の給与月額は、現地払いと国内払いの合計で約七七万円（現在に換算すると約百十万円）であった。冬の賞与は一一五万円（現在換算で一六六万円）でその年の夏より約六㌫カットされていた。そろそろ東亜の経営状況悪化の兆しが見えた頃であった。

また、この手紙には図―①に示すような宿舎（キャンプ）の見取図を添付していた。この時点では、全ての宿舎が完成していないのでまだ赴任者全員が個室に入れた訳ではなかったようだ。

第二節　現場の年末年始

6　古代ローマ遺跡・レプティス・マグナ

昭和五十六年（一九八一）十二月三十日

十二月二十一日の手紙、十二月二十八日に受取りました。イギリスよりの手紙に対する返事、十二月四日着。私の方から十二月十三日付で託送した手紙は着きましたか。

先週の金曜日、約一二〇キロ離れたところにある古代ローマの遺跡・レプティス・マグナに行って来ました。何度も行くチャンスを逃しており、漸《ようや》くという感じで行きました。遺跡は想像していたものより規模も大きく、完全に近い状態で残っているものもあり、これが千八百年も前のものかと目を疑うほどでした。写真でしか巧く表現できないので、また、あとで……。

その前夜、二十四日はキャンプ開きという名目で、クリスマスパーティを食堂でやり、二羽の大きな七面鳥の丸焼きを中心に、これまた目を見張るような種々のご馳走が並び、皆で驚いたものです。そのあと、カラオケで歌合戦、酒が一滴も無いのに皆さん陽気でよく頑張っています。

今日三十日は、御用納めで、餅つきをやり、ぜんざいを食べました。インド人も来て、珍しがって見るだけでなく、杵《きね》を持って搗《つ》くことまでやりました。

明日大晦日《おおみそか》は、夕食後シンガポール人のキャンプに行き、日本人と合同で歌と踊りの大会をし、そのあと広場でキャンプファイヤーを囲み、新年を迎えます。若い者が企画したどんな趣向があるのか全く判りません。

元旦はマージャン大会とか、私はやりません。部屋でゆっくり本でも読むつもりです。

二日からは平常勤務です。一月には、土建グループだけで、新人が五人赴任してきます。その内一人はイギリス人で、着任したら直ぐ客先や下請け宛のレターを書かせるつもりです。東亜社員としては高柳君が来ます。ちょっと仕事が楽になるでしょう。

さて、二月十五日から休暇で帰国する予定でしたが、心配していたように国内での業務を兼ねて帰る事になりそうです。そのため、十五日より早く帰りますが、帰国途上にスペイン・マドリッドに立寄る計画は捨てざるを得ません。残念ですが、また、次の機会にします。ただ、仕事で帰れば神戸本社に出社する訳で、何の仕事を何日分日本でやるかを、これから決めます。それにより帰国する日を前にずらして、三十日間の休暇期間は変わりません。すなわち、三十日＋アルファのアルファ日数を決めます。早ければ二月一日からかも知れません。そうなれば、あと一ヵ月ですね。

取り急ぎ乱筆乱文にて……。

明日（十二月三十一日）急に、ある人が帰国する事になり、託送できます。慌てて、本社・長大橋梁部宛に長文の報告書を認めた後で、この手紙を書いています。
現在、夜中の十二時（日本時間、十二月三十一日午前八時）です。

【付記】

昭和五十六年の年末の様子である。急に託送者が出たので慌てて記した手紙である。
ミスラタから首都トリポリへの途中、地中海に面してレプティス・マグナという古代ローマの遺跡があり、そこに皆と一緒に出かけた。古のこの地方は、現在のチュニジアであるカルタゴが占拠していたが、カルタゴ系のこの地方出身者であるセプティミウス・セウェルス帝という、軍人出身のローマ皇帝がいた。在位は紀元一九三年から二一一年で、北イングランドのブリタニア地方に遠征中に亡くなった。このレプティス・マグナという古代都市はそれ以前から存在していたローマ属州の拠点都市である。広大な遺跡全体は、国が管理する有料の公園になっていて、その時もまだ発掘作業が続けられていた。公園の入口近くにセウェルス帝の凱旋門が、ほぼ完全な状態で建っている。他にも同皇帝の名を冠した世界最大級の広場・公会堂・神殿等と共に、アウグストウスの神殿・トラヤヌス帝やティベリウス帝の凱旋門・ハドリアヌス帝の浴場とほぼ無傷な形で残っている野外円形劇場（写真―④）もある。リビアが誰でも自由に出入りできる国になれば、間違いなくこの貴重な遺跡は観光の目玉になると思われた。因みにイタリア・ローマのフォロ・ロマーノ遺跡にもセウェルス帝の凱旋門が残っている。

写真―④　レプティス・マグナのローマ遺跡（野外円形劇場址）

その日の餅つきは珍しいのかコンサルのインド人も施主のリビア人も多く見物に来て、大騒ぎであった。翌日、下請けのシンガポール人のキャンプで行われた合同パーティは、異国情緒の感じられた彼らの踊りや歌と共に、日本人も芸達者を披露する人がいて大いに盛りあがった。二百名以上が集まった。

（パーティの詳細は次便で記している）

7　年忘れ大会と元旦のおせち料理

昭和五十七年（一九八二）一月二日

明けましておめでとう。さて、リビア・ミスラタの年末年始、お伝えします。

十二月三十日──仕事納め、事務所周囲の清掃、午後三時頃キャンプに帰る。餅つき、杵はトリポリの下請業者（日本）から借り、臼は中華鍋の大きな物を用い、二丁杵で搗いた。その後直ちにぜんざいにして食した。

十二月三十一日七時頃夕食、ビフテキと年越しそば、そばは海苔をパラパラとかけたざるそば風、ビフテキは大人の草履よりやや小さいくらいの大きさで肉は柔らかかった。

夜八時頃、隣のキャンプ（東亜の下請け、韓国の三星建設）では屋外劇場が出来、三百数十人の観客の前で、歌・踊り・寸劇が賑《にぎ》やかに始まった。東亜側（日本人と三国人）は八時より全員二百数十人が三国人キャンプ食堂に集合、食堂内部は、シンガポール人の手で天井には警察のパトカーに付けるような赤色のチカチカするライトを十個ほどと、色とりどりの風船や五色のテープが張り巡らされ、十台ほどのエアコンはクーラーとしてセット、これまた五色のリボンが吹流しの如く漂い、まるで安物のナイトクラブみたいに改装されていた。よく見ると、周囲の壁には六ヵ国語で「新年おめでとう」と書いてある。すなはち、ここに集まった日本・インド・バングラデシュ・マレーシア・シンガポール・フィリピン・タイ・台湾人そしてリビア人の母国語で……韓国側からは五人の客が招待されていた。

　全員に配られたビールならぬ缶ジュースを飲んでいると、フィリピン人の大男が体に似合わぬ高い澄んだ声の流暢《りゅうちょう》な英語で挨拶し、音楽が鳴り、パーティは始まった。まあ、こんな雰囲気の中で予定していた各国代表の自慢の歌、踊りが交互に続き、ディスコミュージックに合わせたフリー参加の踊りやゲームがありました。それに当社の事務要員でミスラタに住んでいるリビア人（男）の小さな娘二人がくじ引き（Luck draw）の引き役を引き受け、約二十人に、高いものではウォークマン（ステレオラジオ）からちり紙までの賞品が当たった。私は残念ながら空クジ、久保山課長には毛糸のスキー帽が当たった。

　パーティはタイ人のバンブー（竹）ダンスで十一時頃終了した。もちろん、「蛍の光」を合唱して……それから、リンゴ、オレンジなどの果物及びシュークリーム、ロールケーキ、ショートケーキ（全てこの食堂で作ったもの）等もでた。

　十二時（零時）ミスラタ港及び港外に停泊中の船舶が一斉に汽笛を鳴らし、キャンプでは非常用のサイレンを高らかに鳴らしている内に新しい年は訪れた。直ちにキャンプ傍の広場に、梱包廃材《こんぽう》を山積みにし、火を付けた。キャンプファイヤーである。その周りを各国人が手を繋いで輪をつくり、ワッショイ、ワッショイと掛け声と共に走って回り、「ハッピーニューイヤー」と口々に言い合った。最後は、東亜の高井君が、阪大応援部でならした胴間声の「フレーフレー東亜」で、三三七拍子をとり締め括った。キャンプファイヤーが下火となり、空を仰ぐと満天の星、北斗七星やオリオン星座が煌《きら》めいていた。緯度は日本の宮崎県ぐらいのため、星は京都で見えるのと同じだと思います。

一月一日（元旦）——一昨日キャンプで搗いた餅を入れたすまし雑煮（鳥肉も入っている）とおせち料理ひと重ね（日本から最近届いた）。その中身は、数の子、黒豆、鮒《ふな》の飴煮《あめに》、車海老、蛸《たこ》の酢の物。いくら、栗の甘露煮といったもので、これにオレンジ一個と缶ジュース二缶が朝食です。宮城道雄《みちお》の琴の音「春の海」が雅やかに流れる中でゆっくり食事しました。この時、白い背広を着てネクタイを締めていたのは私だけ、パジャマやトレーニングウエア姿の者が殆どのため、周囲の者に冷やかされたが、さすが紳士と言うのを立証したようなものでした。

昼は、赤飯とおせち料理と玉吸《ぎょくす》い。

夕食は、おせち料理と黒鯛の塩焼き、それと日本から送ってきた切り餅入りの雑煮。と、まあ、こんな塩梅《あんばい》でした。日本と全く変わらないでしょう。わが家はどうでしたか。この日は、食堂にいない時は、部屋で昼寝をするか、読書をして本当に久し振りにのんびり過ごしたものです。

一月二日（本日）——今日から初仕事、正月休みは二日間だけです。事務所で、下請けから挨拶を受けたり、インド人のコンサルタント事務所に挨拶に出かけたり、午後は会議をしたりで過ぎました。気候は暖かく、真っ昼間は長袖が暑苦しいぐらいです。

一月八日（金）には、トリポリの日本大使館で日本人の新年宴会あり、当社から所長を含めて六名が招待され出席します。リビアにいる商社や企業（メーカー）の寄り集まりで、五、六十人になるとの事、内緒ですが、治外法権下という事でアルコール類も出ることでしょう。三井物産、伊藤忠、丸紅、住友商事、三菱重工、川崎重工、日産自動車、日本電気（NEC）それに東亜製鋼という顔ぶれです。キャンプの正月は日本と変わらないと言いましたが、やはり、酒が無いという事はどうしようもありません。

二月の帰国日はまだ決まっていません。今月十日過ぎから五、六人の赴任者が土建グループに来ますので、その人達との引継ぎ、業務打合せをしてから決める事になります。

明日（一月三日）に帰国する人が有り、この手紙を託送します。

【付　記】

年末年始の有様を詳細に記している。元旦の食事、予想していたものと大違いで、さすが日本食堂のシェフの気持ちが込められた豊富な内容で、無いのはアルコール飲料のみであったが、他の者も大いに満足していた。

年末年始の休日は、十二月三十一日と元旦の僅かに二日間だけであったが、中身が濃いながら、ゆっくり過ごせた感があった。

八日のトリポリ・日本大使館の話は次便で記している。

8　日本大使館での新年宴会

昭和五十七年（一九八二）一月十四日

正月も早や半ば、正月気分も薄れて仕事に精を出している事と思います。相変わらず寒い日々が続いていますか。当地は雨季と全く感じられないほど連日、素晴らしい快晴で、朝夕は冷え込む（と言っても防寒着は不要）のですが、昼間は事務所でクーラーをかけるほど暖かい天気が続いています。

真っ赤な太陽が西の空を茜色《あかね》に染めて、見る間に地平線に沈む様は、まるで絵のようで、東の空を振り返ると、今度は大きな、それはそれは大きな月が皓々《こうこう》と照り始め、原始の世界にいる感があります。

ラジオで聞くヨーロッパ各地の天気は、大きな寒波が来ているようで、雪の便りもしきりです。

さて、先日（一月八日）日本時間一月九日朝電話した時は、手紙で言っていたようにトリポリの日本大使館で開かれた、リビア日本人会（現在、リビアに日本人は六八〇人程いるとか）の新年宴会に出席した後、トリポリの東亜ハウスに行ってきました。パーティは鮪や鯛の刺身、おすし、雑煮、煮しめ等の日本料理の他、外では絶対食べられない豚肉のハムもあり驚きました。その上、日本酒、サントリーオールド等のアルコール類が出て、治外法権の有り難さで久し振りに赤い顔になりました。出席者は一五〇人ぐらいで、広く新しい公館のホールも一杯になるほどで、輪田大使や大使夫人とも歓談できました。当日の日本料理は当社ミスラタ・キャンプにいるコックさん二人と、当社の下請けでトリポリに支店のある国土総合建設という会社のコックで作ったものでしたから、特に東亜の私共には愛想が良かったのでしょう。

一月十二日（日本・十三日）にも電話したのですが、状態が悪く通じなかった。私の帰国は、今のところ二月十日頃と考えています。心配していた神戸本社での仕事も余り無いようにして帰れそうです。

【付　記】

トリポリの大使公館での年始のパーティの様子、料理は期待以上の豪華な内容で感激した。出席者には、在リビアの日本の商社・メーカー等の社員の奥様方も和服を着て出席されており、華やかな雰囲気の中、立食ながら我々にも給仕して頂いた。会場では先日の大晦日、日本で行われた「紅白歌合戦」のビデオが大型テレビで映し出されて、懐かしい日本の歌が流れる中、久し振りにウイスキーやビール、日本酒を味わい、良い気持ちになった。

ミスラタのキャンプで厳密な禁酒状態で頑張っている他の社員の手前、赤い顔をして帰る訳にはいかず、しばらく酔いを醒ましてから車で二時間余りかかるミスラタに向かう事にして、トリポリの東亜ハウスで時間を潰した。これも、今だから文字にして白状出来る事である。

リビアで大自然と向き合う中で、特にミスラタ・キャンプで見る星空は凄いという他ないぐらいの絶景である。強い光源が周囲に無い土地柄、真冬の空気の澄んだ月のでない夜、満天に煌めく星の多さにまず驚いた。神戸・六甲山系の摩耶《まや》山頂に近い展望台に「掬星台《きくせいだい》」と言う所があるが、この星空の様子は、まるで星が手で掬《すく》えるほど直近に綺麗に見える所から名付けられたらしい。しかしリビアの星空は、地上一面に星明りが感じられるほどで、掌を伸ばせが、星を掬えるどころか、大小に煌めく砂のような星は、手を伸ばせばそのままかき混ぜる事が出来る程、鮮やかに間近に見え、最初は一同が感じ入った。

9　トリポリ観光と留守宅への提案

昭和五十七年（一九八二）一月十五日

このところ帰国する人が相次いでおり、便りも多く出せます。これも託送します。

今日(一月十五日)は成人の日、日本も休日ですが、当地も金曜日で休日でした。会社からバス(六十人乗り、東亜のマークの入ったもの。日本から船で送ってきた中古の観光バス。会社のカラーである黄色に塗り上げてある）を仕立て、二十五、六人の日本人参加者と共にトリポリに行って来ました。目的は、ショッピングと市内観光という事でしたが、目指すスーパーマーケットは、トリポリに三ヵ所あるのですが、事前の調査不足ですべて休業、一般の店も殆ど閉店で何の買物も出来なかった。もっとも、開店していたとしても、たいした物は何も無く、せいぜい運動靴を買うくらいでしたが……。

観光の方は、初めてトリポリ・グリーン広場横の赤壁城の内部に入り、博物館にも入場してきました。付近の遺跡から出た美術品の他、各種の化石、魚類、鳥類、昆虫類の剝製が、埃にまみれて雑然と並べてあるだけの博物館で、あまり興味も湧かなかったが、城その物は建築学的な面白さが見られました。

昼食は、昨年の春頃何日かお世話になった船ホテルのレストランに行きビフテキの定食を食べた。一人五リビア・ディナール（約三八〇〇円）スペイン人のボーイが給仕するスープから果物までのフルコースの料金でしたが、ちょっと高く感じました。

さて、城陽の家の方、次の事、そろそろ考えて見ては如何ですか。

①　冷蔵庫の取り替え

一回り大きく、左開き扉付き、フリーザーボックス付き、背面壁に密着可能な物を買い、現在の物はお払い箱にする。配置は次図の通り、冷蔵庫が隅に落着き、戸棚をずらす事により通路が広く（まだ通れますか）なり、冷蔵庫も節電型になる筈です。

②　洗濯機の買い替え

自動洗濯機が当たり前に成って来ている。最初に洗濯物と洗剤を放り込めば三十〜四十分で半乾き状態で出て来るので、それを乾燥機に入れれば乾《ほ》す必要の無い物もありますが、せめて、半乾きで出てくるものに買い換えては如何ですか。このキャンプではナショナルの全自動洗濯機を使っていますが、湿度が低い事もあり、半乾きのものは二時間も部屋の中で吊るしておけば乾きます。水に直接手を触れる事も無く、洗濯中そばにいることも無いので母も賛成されるでしょう。これなら室内に置く事も出来ます。

③ 階段と二階の廊下のじゅうたん敷き

廊下は全面、階段は踏面の両端を五～六《チセン》残して、じゅうたん（明るい黄色、オレンジまたは濃い赤色）を敷く。毛足は中程度、防寒と滑り止めが目的。ドタバタという音もなくなるでしょう。

④ 食卓の買い換え

以前から話が出ていたが、そろそろ踏み切るべき。少なくとも六人が並べる大きさに、スペアチェアを二脚付ける。椅子は肘掛付、テーブルは今の物より低目で、木目がある物が良いでしょう。

以上、①と②は駅前の電気屋でカタログ、パンフレットを取寄せておく事。③は一度業者に見て貰い、見積りをとる事。④は「大松」あるいは「イズミヤ」等で気を付けて見ておいて下さい。

二月の十日過ぎには帰国しますが、帰れば一ヵ月は直ぐ経ちますから、いる間に片付けたいと思いますので……

なお、今回の帰国は、神戸本社に用件が有るので、ロンドンかパリに一泊するだけで、真っ直ぐ日本に帰ります。土産の希望があれば、誰に何をと言うように、出来るだけ詳しく書いて連絡して下さい。一月末にも日本からリビアに来る人がいますから、手紙を託送できます。

【付　記】

赴任してから六〜八ヵ月経過した人が増えて休暇を取るため日本への託送便が多くなり、手紙も頻繁に出せるようになった。

この頃、日本から会社のマークの入った中古バス、会社のカラーに仕上げて船便で届いた。早速、日頃休日でもどこにも行けずキャンプ内でゴロゴロして過ごしていた社員達が、集団でバスに乗り移動できるようになった。福利厚生上も好評であった。ミスラタ市内への買物バスとしても利用していた。この日はトリポリまで出掛けた。トリポリの中心、海岸に接したグリーン広場の西側に建つ赤壁城、中には人一人がやっと通れるほどの迷路のように入り組んだ狭い通路の両側に種々雑多な店がぎっしり並んでいる「スーク〈市場〉」もあり、興味深かった。

一方、城陽市の自宅の件、細かい意見を述べて、改良する手配をするように指示している。新冷蔵庫はその配置まで図面（省略）で示している。次の休暇帰国時にほぼ話した通りになった記憶がある。

10　旅行の提案

昭和五十七年（一九八二）一月二十二日

一月二十四日に帰国する人がいるので託送します。

先便で話したことで一つ忘れていました。すなわち、冷蔵庫、洗濯機、食卓、じゅうたんの他にもう一つ、水洗トイレの便器を腰掛け式に改造する事です。ＴＯＴＯの製品で、ゆったりした物が良いですね。余り高くないと思います。もちろん、手洗い水もそこに出る方式がいいでしょう。

土産の件、話はまとまりましたか。

さて、帰国は、今のところ二月十日リビア発、パリで一泊し、二月十三日の夕方、大阪着と予定しています。まだ、変更の可能性は有りますが、大体この近くでしょう。三月十日頃まで日本におります。

会社にはちょっと顔を出すだけで、全くフリーの休暇を予定しています。その間、保育所の休みが取れる時に、海外（寒いから南の方）に行きましょう。第一希望はシンガポール・タイ、第二は香港・澳門《マカオ》・台湾です。長くて七日間、短くて四日間と考えています。休みを取る準備をしていて下さい。また、新聞紙上で適当な旅行会社の広告（団体旅行）を見付けておいて下さい。二月下旬が良いでしょう。パスポートがまだであれば、旅行申込時に旅行社がやってくれますが、日数が掛かる恐れがあるため、それまでの閑を見て取っておく方が良いでしょう。取り方が判らなければ、私が帰ってから手続きします。それに留守番の事が心配なければ、宇治のご両親、城陽の両親と貴方も一緒に、温泉にでもそれぞれ別の日に行きましょうか。それぞれの意向を聞いて置いて下さい。また、私自身もフラリと一人旅に行きたいと考えています。ちょっと欲張り過ぎかな。全部実現できるかな、と心配になって来ました。

まあ、風邪も引かず元気であれば、家にべったりいるのは勿体《もったい》無い感じがしています。三月にリビアに戻り、次の休暇は十一月から十二月にかけてとなるでしょう。かなり間が長いし、二回目の休暇は、旅行日を含んで二十日間と十日間短くなり、日本に居るのは、真っ直ぐ帰っても二週間しか有りません。そのためにも、六月から七月にかけてのリビアの猛暑での仕事をやり抜く鋭気を養いたいのです。

久保山課長は、何回かの国際電話で話がまとまり、四月初めに奥さんが子供二人と奥さんのお母さんを連れ、パック旅行でロンドンまで出て来られ、パリ、西独・デュッセル、オランダ・アムステルダムを巡って、一緒に日本に帰る計画になったようです。オランダには奥さんの友達もおられ、その人の家にも行くとか、今からそれだけを楽しみにしておられる様子です。

シンガポール・タイは常夏の国です。二月といえども暑く、夏服が要ります。水着も用意してはどうですか。私も、替え上着の白いものを今度持って帰ります。ハワイも考えたのですが、時差がキツイため、短期の旅行では時差ぼけが治らない内に帰って来ることになるし、余りに一般的ですから、やめにしましょう。

正式な帰国の日および大阪空港に着く時間は、会社の方から連絡があると思いますが、出来れば電話します。

【付 記】

前便で言い忘れた水洗便所の便器を西洋式に取り換える件を提案しているが、これは結局、客にしか用いない便所の改造は、母が勿体ないと反対して実現しなかった。

久保山課長の計画を示して、妻にも海外旅行の計画実現を促したが、公職の実務就いている彼女には休暇を取るのが難しくて、何処にも行けなかった。

毎回、必ず帰国の予定日について記しているが、留守家族にとっても帰国する本人にしても、やはり最大の関心事であった。私の場合、業務の進行状況や他の人への引継ぎ等のため、直前まで日時を決定出来なかったが、その他の人は大体二ヵ月くらい前から予定日が固定され、どの人の部屋に行っても壁に掛けたカレンダーに、その予定日に目立つ印を入れて一日経過する毎に過去の日を消去して、その日まであと何日と数えて楽しみにしていた。

さて、私の初めての帰国休暇も目前になった。

第三章　休暇後の再赴任

第一節　土建課要員の充実と繁忙な仕事

11　ロンドン観光と現場要員の充実

昭和五十七年（一九八二）三月二十六日

今日は金曜日、休日です。大阪空港では時間が無く、うどんも食べられずに残念でした。東京からアラスカ・アンカレッジ間は大変空いており、また三人分の座席を占領して寝て行くことが出来ました。しかし、そこからロンドンまでは、ルフトハンザ機が故障で、その乗客が日本航空に移ったため、ほぼ満員で窮屈なシンドイ飛行でした。

ロンドンでは、今回が初めてという同行した他の四人のために、半日市内観光に連れてまわり、午後はホテルの近くにある自然博物館に一人で行き、広い館内を三時間ほど掛けて見ましたが、さすが大英帝国の収集品、とても回りきれるものでは有りません。棟が繋がっている科学博物館には飛行機や機関車の実物も並べてあり、淳一のような子供が見たら、さぞ面白いものでしょう。三月二十三日にロンドンに行かれた久保山課長にも是非行くように話しておきました。三月二十一日と二十二日は到着早々ひどい雨と風で、当地はまだ雨季が終わっておらず、存外寒いのに驚きました。しかし、晴れれば、やはり気温は高く快適な気候です。

この一ヵ月の間に人員も相当増え、日本人だけでも東亜関係で百人を超しています。韓国人を入れた全体では八〇〇人以上になっています。

久保山課長の留守中、担当の土建課では、イギリス人一人、バングラデシュ人一人、当社員九人（近くまだ二人増える）のスタッフを使って、日本人の外注業者の三十二人、韓国業者の約五三〇人の人間を管理する必要があり、大変です。イギリス人は五十五歳のオジサンですが、英文の手紙の作成や技術的問題点の相談役が主な仕事です。

現場事務所内にある診察室では、お医者さんも奥さんの看護婦と一緒に赴任して、いつでも診療・治療を受けられるようになっています。二回目の休暇、と言ってもまだまだ先の事ですが、従来三十日間と言われていたのが、二十日間になりそうです。今から計画し、楽しみにしています。

まあ、元気で再赴任をスタートしましたので、まずはご休心下さい。

【付　記】

初めての帰国休暇は二月十六日から三月二十一日の三十四日間、本社に出社して業務を行った日数を含めている。

しかしこの間、手紙で提案していたように、妻の休暇を予め合わせて海外に行く事は出来なかった。ただ二月末から三泊四日で鹿児島旅行に出掛ける事は出来た。あとは友人とあちこちで出会ったり、ゴルフに興じたり、一人旅にぶらりと出かけたりして、あっという間に過ごしてしまった感がある。

現場工事の管理体制も整い、下請け三星建設の労務者数も増えて、本格的に工事が始まった頃であった。記しているようにリビアに帰任した翌々日には、業務の引継ぎも慌ただしく済ませて久保山課長が休暇帰国し、留守を任された私は大変であった。

12　リビアの不況と現地手当の変更

昭和五十七年（一九八二）四月十六日

日本を出て一ヵ月になりますが、仕事が忙しく閑がないせいか、却《かえ》って割合長く感じます。当地の昼間はもう盛夏のように暑く、昼休みは二時間取って昼寝をしています。四月からサマータイムになり、日本との時差は七時間、日本の午後七時はリビアの正午です。

勤務時間は定時で、七時三十分～十一時三十分、十三時三十分～十七時三十分となっていますが、夕方はいつも二十時ぐらいまでの勤務となっています。

日本は、桜の花も散り、若葉の季節と思いますが、二階から裏山を見た景色も一段と色付いている事でしょう。花見はどこかに行きましたか。父の歯の方は治まっていますか。母の神経痛の病院通いも終わりましたか。まあ、皆さん無理をせず、ゆったりと過ごして下さい。

リビアとアメリカの関係が悪くなり、世界的な不況の影響もあり、リビアの石油生産が極端に落ち込んでいる様子、すなわち、石油を売ってしか外貨が得られない国ですから、政府にお金が無くなりつつあるようです。特に、この製鉄所は日本円にして一兆円以上もかかる大工事ですから、支払金額も毎月莫大な物で、その支払いを遅らせるためか、何かと仕事がやり辛くなって来ました。港に入った工事用資材の通関をわざと遅らせるとか、身近な事では、個人の銀行口座を開かせないとか、生活物資（日常品）の輸入が抑えられているため、町に品物が無くなって来たとか、色々と深刻な問題が出て来ています。もちろん、当面、我々の工事、仕事、生活には直接関係は無い程度ですが、先行きの見通しが暗く、工事そのものが長くかかる事になりそうです。

今月二十二日には久保山課長も休暇を終えて帰ってきますし、設計の人間、その他下請けの人間も続々リビア入りしますので、ここ一ヵ月程の間に、当地現場事務所の土建課のスタッフ人員は二十名ぐらいになります。

キャンプにいる日本人は現在一三〇名程、全く日本人村の感じで、こことサイト（現場）を往復する限り、日本にいるのと変わりません。ただ、仕事は一日の大半が英語との付き合い、特に土建課には二人の外人（英国人とバングラデシュ人）が居り、彼等とのやり取りはもちろん英語、仕事を命令し、その報告も英語ですから、ちょっと大変です。この頃は、下請業者（韓国）との会議も英語で行い、議事録も英語で作ります。あと一年も経てば、私の英語力もちょっとは通用するものになるでしょう。

帰国している間に出来る筈だったテニスコート（三面）が三月末に完成しました。夜間も照明を点けてゲームできる本格的なもので、風の強い日以外は夜十時半頃までポーンポーンと同好者がやっています。昨夜、閑を見付けて初めて、テニスウエアを着て参加しましたが、やはり思うように出来ず、走り回っただけでした。久保山課長が帰って来られたら、基礎訓練から始めるつもりです。

恒例の春の交通ゼネスト(四月十三日?)の日はどうしましたか。国鉄奈良線は不通だったでしょう。賃上げも鉄鋼は一万三一〇〇円だったとか、これで決まれば約二倍が私の場合でしょう。現在、給与で所得税は差し引かれていませんが、地方税がそのまま引去られているようです。この地方税も、この六月から掛からなくなる予定です。これで名実共にリビアの住人になる訳です。外国勤務の場合、その地域に応じて、五段階に分かれて出向手当が決められていますが、リビアは今まで高いほうから二番目にランクされていました。これが最近、一番手当が高い地域として認められたようで、近い内に所長が日本から帰ってくればはっきりするでしょう。それと、二回目の休暇も三十日間になる筈です。

今回日本から持ってきた本はほとんど読んでしまいました。機会があれば、東亜の業務課経由で次の本を小包で送って下さい。

文庫本「小説・吉田学校」第一、二、三、七部（角川文庫）（第四、五、六部は読了）
文庫本「天声人語④、⑤」（朝日新聞社）雑誌「文藝春秋」最新号　手数ですが宜しく。
明日（四月十七日）はカラオケ大会、土建課代表で歌います。今日は晴れていたのに、今は雨が時々降り、風が強く吹いています。

【付　記】

課長も所長も帰国休暇で留守、その間に、リビア経済の不況化の影響か、些細な事で工事ストップを掛けたり、承認・検査業務に対する露骨な妨害・遅延をする客先・コンサルとの問題もあり、連日遅くまで残業を余儀なくされていたようである。誰も居ないキャンプの食堂の片隅で取り置きされている冷えた夕食を一人で食べる事が多くなっていた。

キャンプで夕食後は、就寝するまでの間、隣の約三十畳の娯楽室のテレビで、日本から送られてくるビデオのドラマや娯楽番組を鑑賞する事が多いが、何回も繰り返して見る同じビデオに飽きると、壁際に並べた本棚から適当に本を持ち出して個室で読書する事が楽しみであった。もちろん誰でも帰国休暇からリビアに戻る際、出来るだけ多くの本を持ち込み、読み終えるとこの本棚に寄贈する事になっていた。しかしこの時点では、まだまだ棚の本の数も少なく、個人的に貸し借りしたり、時には書いているように、小包で留守宅から本を送らせる事もあった。

テレビと言えば、時々電波の関係か地中海を隔てたイタリアのテレビ放送が不鮮明ながら見られる事もあった。言葉が全く判らないまま歌番組や喜劇が映る時には、伝え聞いた皆が集まって、備えたパイプ椅子の数が足りなくなる程人気があった。

13　英国からの助っ人

昭和五十七年（一九八二）四月二十三日

昨日（四月二十日）再赴任後の第一便を入手しました。日本の春、京都の春も今年は天候に恵まれなかった由、当地で春爛漫《らんまん》を想像していただけに、同情します。それでも大山崎・天王山で花見が出来、嵐山で宴を持ったとのこと。やはり、日本の春は良さそうですね。

リビアは先便に記したように、不順な天候で、昨日も小雨が降りました。晴れると朝夕めっきり冷え込み、場合により部屋でも暖房を入れるほどですが、日中は半袖姿で仕事をしています。それに風の強い日が多く、細かい砂塵がアルミサッシの隙間から部屋にも侵入し、壁際にはいつも茶色の粉のような砂が溜まります。週一度の休日には、それを掃除するのも仕事の一つとなっています。

先日、課対抗カラオケ大会で土建課代表三名の一人として出場しました。希望曲がカラオケに無く、歌う直前に〝星影のワルツ〟を選んで歌ったのですが、あのゆっくりしたテンポに付いて行けず、満場の爆笑を浴びました。結局、六チーム出場で、第四位に終わりました。次回の大会には、小林旭の〝昔の名前で出ています〟でも歌って、名誉を挽回するつもりです。

現在、土建課は十四名、これに昨夜、当社設計の鳥飼君が赴任して来ましたし、明日(四月二十四日)には久保山課長が、土建課員になる二名(大建設計及び大同コンクリート)を連れて帰って来られるので、十八名になります。さらに、追々他の人達も出て来て賑やかになると同時に、工事も最盛期に向います。

一方、リビア政府のコンサルタント(インドの会社)もカルカッタから設計陣を二十名ほど送り込んで来ましたので、現場での打合せや会議は次第に木目細かいものとなり、準備が大変です。当方は、先に話したイギリス人(五十六歳)のミスター・ページを秘書代わりに使って資料を整えています。それにしても、毎日平均して、下請(韓国の会社)宛に三通、客先にも三通、計六通の手紙を出している状態で、この外、会議の議事録や報告書も英文で作成しています。久保山課長の留守の間に急に忙しくなったようで、インドのコンサルも、最近東亜から来る書類が急に多くなったと驚いています。まあ、明日からちょっと一息付けそうです。

先便で頼みました「本」手に入りましたか。そんなに急ぎません。キャンプにいる他の人から色々借りて読んでいますし、その内、船で会社から送った本がどっと来ると思いますから……。

リビアは現在、石油が売れず不景気で、外国品の輸入も制限枠を厳しくし始めており、外国産タバコも数が少なくなり、値段もつい先頃の二倍になりました。英・米産共一箱二十本入りが、日本円で約五百円もします。トイレットペーパーも手に入れ難く、急遽《きゅうきょ》、託送品で日本から送らせたり、船荷に追加したりしています。また、リビア周辺の低開発国（エジプト、アルジェリア、スーダン、ナイジェリア等）からの出稼ぎ労働者が大量に解雇され、不慣れな、能率の悪いリビア人が商店や政府の機関で働き始めたため、郵便事情も悪くなって来ました。やはり、託送が一番早く、確実でしょう。

郵便で思い出したのですが、封書に貼る切手（六十円）を二、三十枚ついでに同封して下さい。帰国者に手紙を託す時、こちらで貼付しますので……封書代はまだ値上げになっていないでしょうね。新五百円硬貨の感触は如何ですか。新聞によると、まだ、手元に置く人が多く、買物には使われていないとか。

リビア在勤手当の内地払い精算額約五九万円が先日、住友銀行の普通口座に振込まれた筈ですが、会社から通知があった事と思います。それとは別に、当地では在勤手当の内の現地払い分が、現在、会社（東亜）が預かっている形であるのですが、それをリビアの銀行に個人口座を設けて振込み、帰国時にUSトラベラーズ・チェック（旅行者小切手）に替えて持ち出すよう手配しています。ただ、残念ながらリビアの銀行は預金に利子は一切付けません。在勤手当はUSドル払いで貰いますから、現在のような円安時には、日本円に換えると大きくなり、得する事になります。

（この手紙は、今月末帰国予定の人に託します）

◎久保山課長は、また、インド・カルカッタに寄って来る事になり、しばらく忙しい日々が続きそうです。（四月二十五日）

【付　記】

英国規格に通暁した英国人ミスター・ページが現場に来て、英文の手紙を効率よく的確に出状出来るようになり、客先・コンサル・三星建設との間での手紙のやり取りが目に見えて多くなって来た。本格的なレター合戦の始まりである。コンサルが驚くのも当然であった。

客先やコンサルとの打合せ、下請三星建設との会議、何れも煙草は欠かせない。話しながら相手の煙草が燃え尽きると、透かさず当方から新しい煙草を差し出して火を点けるのが礼儀になっていた。夜、娯楽室や自室でも、アルコールが無いせいか煙草は手放せない。そんな中、一箱五百円もする煙草の値上がりは無視できない出費増であった。

14　会社の事情と赴任者の事情

昭和五十七年（一九八二）五月七日

日本のゴールデンウィークも過ぎましたね。天気は、新聞の予想では余り好くなく、五日の子供の日だけ晴天との事でしたが、実際はどうでしたか。長岡天神の躑躅《つつじ》や長谷寺の牡丹、三千院や高雄・高山寺の新緑、そろそろ見頃で見事な事でしょう。連休は如何過ごしましたか。裏の畑の木蓮《もくれん》も華麗な花を付けたと思います。

当地は、もう全くの異常気象で、朝夕寒いくらいの涼しい日々が続いています。今日は金曜日（五月七日）休日で、ソフトボール大会がありました。私は現場視察で、慣れぬ高い所に昇り降りしたため、脚が筋肉痛で残念ながら欠場してキャンプに残りました。これも運動不足のためと思い、それでもテニスコートに出て、壁打ち練習をやりました。後は部屋の掃除と洗濯、午後は娯楽室で将棋とテレビでした。

テレビはビデオで「二〇三高地」前編を見ましたが、後編が届いて居らず尻切れトンボです。

先日、神戸製鉄所（東亜二十三工場の内、二番目に大きな工場）の所長で重役の永井氏が現場に来られ、激励の言葉がありました。当日（五月五日）は昼食会をやり、約一七〇名の日本人全員が一堂に集まり食事したのですが、私は重役と並んで一般席と向き合う管理職用のテーブルに座らされ、ちょっと変な感じでした。今後、神戸製鉄所からは、更に百名以上の人がリビアに派遣される予定です。これは、裏を返せば、工場の仕事の合理化が進む一方、現今の不況もあり、人員が余って来ている事を示します。㊙ですが、首を切る訳にはいかず、配置転換という言葉で、この遠国に出向させるのでしょう。工場の各課・各班から、既に当現場で働いている人達に宛てて寄せ書きが沢山来ていました。海外出張はおろか、国内出張も殆ど無い人が、本当に必死の思いでリビアに働きに来ているのです。現実は厳しい！　東亜は現在、八〇〇人を擁するエンジニアリング事業部(工場の人を除いた技術者群）をこれから数年で一八〇〇人ぐらいにし、海外プロジェクト工事の質・

量共に日本一（現在二位）にするべく計画しています。

　私も出張を入れるとリビアに来て、そろそろ一年、あと一年すれば、あるいは一年を待たずに、他のプロジェクトに回されるかも知れません。まあ、この辺が身の退き時でしょうか？（これは冗談！）しかし、既に満一年を過ぎて滞在中の筒山課長（昨年一月末、最初にリビアに来た時一緒だった人）は、奥さんが病気がちで、思うように子供（小学生二人）の世話が出来ないから、早く帰国させてくれと申請しているそうですが、先頃、曾我所長が休暇から帰って来て、やはり満二年間はいてくれと依頼され、直ぐにでも二回目の帰国をする予定であったのを、赴任期間が満二年になったのなら、もう一ヵ月ほど辛抱して帰ると決心したようです。

　日頃親しくしている山九運輸の福島課長、糖尿病が完治しないままリビアに来られているのですが、先日の検査で、血糖値が異常に高く出たため、一時、帰国治療が必要かと思われていたのが、その後の養生と薬の甲斐があって治まっています。土建課の一人として来ている大成建設の山岡さんは、去る四月中旬にキャンプで小石を投げていてバランスを失い転倒、右の鎖骨を骨折、今も腕を首から吊った状態で事務所に出勤しています。学生時代（東工大）は柔道部の猛者として活躍したらしいのですが、全く脆いものです。久保山課長は四月二十八日に戦列に復帰、一ヵ月の休暇で養った英気を漲《みなぎ》らせて元気そのものです。私も元気ですからご休心ください。

　宇治のご両親は如何ですか。機会を見てちょくちょく顔を出して、たまには泊まってきたらどうですか。

先日の便で頼みました六十円切手の件、当地で切手を貼った郵便物を、日本まで誰かが持ち込み投函する事は、国際郵便法に違反する事になるので、今後厳禁となりました。無用ですので。間に合えば止めにして下さい。

この頃は、ミスラタの街に行く事も無く、現場事務所とキャンプを往復するだけですから、リビアに居るのだという気が薄れ、日本のどこかで合宿して仕事をしている気分です。さあ、これから夕食です。食堂に行きますか。部屋に干している洗濯物も乾いたようです。外は、風が強い日は砂が付きますから、全員室内干しです。

部屋の冷蔵庫には、食堂で出されたオレンジが八個、それに杏の実、缶入りコーラ、久保山課長土産の新宿・中村屋の羊羹および地中海の海水から造った真水の瓶入り飲料水が冷えています。果物は余り口にしないのでだんだん増えています。

【付　記】

本社から来た重役の話も頭に入れた本社の事情、なかなか穿《うが》った見方をしている。現場の赴任者も個々には色々な問題を抱えている事を詳しく書いて妻を牽制しているのか。

冷蔵庫の飲料水は、我々東亜の造水プラントで造り出し、客先をはじめ現場の全工事業者に配っている地中海の水である。実は淡水化プラントで出来る真水に、ある種のミネラルを少し加えて味付けしている。安心して飲める本当に美味しい水である。

第二節　異国料理への招待とイスラム教

15　下請会社からの食事の招待

昭和五十七年（一九八二）五月二十一日

今日は五月二十一日（金）で休日です。手紙で毎回述べているように、今年のリビアは異常気象で、五月も後半というのに、昨日の暁にはかなりの雨が降り、プレハブの屋根を叩く雨音に目が醒めたくらいでした。きょうは風も弱く、気持ちのよい晴天で、久し振りに寝具を日光に晒《さら》しました。朝一番、十時から十一時頃まで一人でコンクリート壁を相手にテニスの練習もした。休日の朝は皆起きるのが遅く、朝食を済ませてから、また寝直している人も多いようで、十一時頃まで余り人影が見当たりません。現在、午後一時過ぎ、三面のテニスコートで、それぞれ思い思いにプレーを愉しんでいます。

先日（五月十一日）電話で聞いたら、日本は、逆にもう初夏の気候で暑いぐらいとか、その後もそんな天気ですか。そろそろ梅雨のシーズンですね。

貴方から送ってくれたという「本」まだ届きません。去る五月十三日に本社から三人がリビア入りした時の荷物に入っていたらしいのですが、トリポリ空港の税関に、託送したダンボール箱二十四個の全てを取り抑えられ、現在通関手続中ですが、中に日本食を一般の書類と交ぜているため、通関するにはまだまだ日数が要りそうで、場合により引き取れない事もあるようです。折角の品物で残念ですが、仕方がありません。図面、設計計算書等の重要書類は改めて次便で再送付するようテレックスを本社に打ちました。私の本については、もう結構です。また、折を見て適当な文庫本を数冊（他の人の手を煩わせて、会社の負担で、一キログラム当り六千円の超過料金を払わす訳にはゆきませんので、ごく少量で良い）送って下さい。キャンプの図書室もようやく明日（五月二十二日）より開設されます。但し、当初の蔵書数は僅か二五〇冊ほどで、しかも、月二回一冊ずつしか借り出せないという貧弱さです。今後、本が少ない事が、キャンプに居る皆の問題となりそうです。

再赴任して二ヵ月が経ちましたが、この間自分で持ってきた本、他の人より借りた本等で、二十冊を読破しています。

それにしても、五月十三日にリビア入りした三人で、二十四個もの荷物を託されていたのですから驚きます。全く無茶な話で、無事通関出来る筈が無い。私の時は、五人で十六個でしたから、少ない方です。その三人の内の一人は、昨年三月から単身赴任で来ている高井君の奥さんです。二十七、八歳の明るい感じの人で、前々から会社にリビア行きを願い出ていて、やっと来られたものです。幸い子供が無いので、一人で日本にいるのも問題となり、主人に付いて来たとの事、現在、医者の夫妻と共に、ミスラタ市内に会社が借りている大きな民家に一緒に住んでいます。ところが、医者夫妻は、昼間は現場事務所の診察室に詰めて居ますから、たった一人でその家に居る訳には行かず、主人と一緒に毎日現場事務所に出て来て、皆と同様に朝のラジオ体操をやり、コピーの手伝いをしたりして大変です。食事も三食とも食堂で、百人以上の男に交じって喫食するという状態です。

　貴方にはとても耐えられないでしょう。しかし、近日中にキャンプ内に九軒のファミリーハウス（一戸当り床面積約五十五平方メートル）が完成するので、その家に住む事になりますが、食事は材料を食堂から分けて貰うか、やはり食堂ですますかと言うややこしい問題があります。とても一人で街に出て買物（リビアでは買物は男の仕事）するなんて事は出来ませんから……。

　五月十八日には、当社下請のシンガポールの会社から招待状が入り、管理職と二、三人の主だった者が下請会社のキャンプ食堂で夕食の接待を受けました。丁度、当日その会社の重役さんがシンガポールから現地に来られたためのもので、本格的な中華料理のフルコースでした。全部で十皿ほど種々の料理でしたが、こんな所でこんな物がと驚くほど多彩で、さすが本場のコックが作ったものと感心させられた。ジャスミン茶から始まり、イチゴゼリーで終わるもので、酒の代わりはミリンダジュースでした。

　一方、韓国の業者（三星）からも、彼らのゲストハウスで、この二ヵ月間に二回の夕食接待を受けました。こちらも精一杯のご馳走を出してくれるのですが、もう一つ日本人の舌には合わず、徒《いたずら》にキムチや野菜スープばかりに手が出ることになります。ところが、この席では二回ともウイスキー（ジョニーウォーカー）が出ました。どこから手に入れるのか、気前よく出してくれました。キャンプの他の人が夢にまで見るアルコールで、他の人々に対して後ろめたい気持ちのまま、水割りにして飲みました。極秘とは言え、もし警察に見付かれば刑務所行きは確実ですからスリルがあります。

ロンドンのコンサルタントから来ているイギリス人のミスター・ページが五月十七日から二週間の休暇を地中海のマルタ島で過ごしています。彼の留守中は英文の手紙を作るのが大変です。彼は五十六歳、奥さんと二人の娘（二十四歳と十九歳）がロンドンの郊外にいるのですが、休暇中、家族をマルタ島に呼び寄せ、イギリスには帰らないとの事。理由は、たとえ数日でも本国に帰ると、海外で得た収入に対して税金を支払わなくてはならないそうで、その税金分で家族を呼び出せると話していました。イギリスの税金は、北欧三国と共に、世界で最も高い国に入りますから、本当なのでしょう。

あと一ヵ月程したら、私もどこかに休暇を取って出かけようかと考えていますが、具体的にはまだ何も決まっていません。

なお、現地手当の件、先日、本社からの連絡で前回の精算までランクが〝五〟であったものが、もう一つ上の〝六〟になったようです。いずれ、家の方にも会社から通知があると思いますが、五月末までで一回精算し、差額（額は不明）を銀行に振込んでくれると思います。一方、地域種別も、現在の乙地域から甲に格上げするよう引続き折衝中で、変われば、また、差額が貰えます。

春の賃上げ後の初月給が間もなく出るでしょう。外地に勤務しているため、賃上げ分の八〇％《パーセント》しか上がりませんが、さて、いくら増えているのでしょうか。

現場事務所としては、世界中にこのリビアほど生活するのに、色んな意味で厳しい国は無いと言う事を、他の日本の商社やメーカーの対応例を挙げながら、神戸本社を説得しているので、上記のようなランク分け、地域種別が検討されている訳です。

【付 記】

韓国・三星建設のキャンプで御馳走になったウイスキー、治外法権でもないのにどのようにして手に入れたのか、聞いても教えてくれなかった。当方もそれ以上は追求しないことにした。

ミスラタハウスにいた頃、誰かが日本から粉末の日本酒を持ち込んできた事があった。水に溶かして飲んでみると何やら日本酒らしい味はするものの、決して美味しいものではなかった。酒ではないが粉末の蒟蒻《こんにゃく》もあり驚いたが、水で溶いて固めると、味は正に蒟蒻、結構頂いた。酒とは似て非なる米酢もリビアでは酒と見做され税関では必ず没収となった。食堂ではレモンから造ったレモン酢を酢代わりにして不自由はなかった。

東亜では、海外赴任先として、リビアは最も暮らしにくい国としてランクされ、赴任手当の額を最大限にするようになった。

16 「本」託送の事情と給与

昭和五十七年（一九八二）六月十一日

日本はそろそろ梅雨シーズンですが、京都の天気はいかがですか。リビア・ミスラタは、このところ砂嵐もなく、穏やかな晴天が続いています。ただ、ちょっと油断した隙に一週間ほど前から風邪を引いてしまい、まだすっきりしません。今日は休日（六月十一日）、キャンプではテニス大会とピンポン大会がありましたが、遠慮して部屋の窓から観戦しました。先週の休み、土建課だけでソフトボールの試合があり、風邪気味の身をおして参加したのが悪かったようです。それにしても、もう土建課だけで二十一名（本日から一名増えて二十二名）になり、課内で二チームできるようになりました。今後、年末までに、さらに十名ほど増える予定です。

貴方の五月十八日付の手紙、五月二十八日に受取りました。連休は雨に祟られた、イボの手術をした、父母が有馬に行かれた、宇治の父上が来宅された、犬のジョンは散歩に連れて行けない、同和保育所は大変、等の内容でしたね。

父母の行った有馬のホテル、どんな所だったのでしょう。貴方と行った鹿児島・指宿《いぶすき》の観光ホテルなど、今、ハワイや香港に行っても、あれだけ設備の整ったホテルは無いと思います。それだけでも良い思い出になると考えられるでしょう。

それと、貴方も休みを見付けて、宇治のご両親と何処かの温泉にでも行ったら如何ですか。城崎《きのさき》・片山津・湯の山など遠いようでも特急で往復すれば近いものです。

そう言ったからではないのですが、私の方も来月（七月）下旬のラマダン（イスラム教断食月）明けに四連休があり、イタリアのローマ・ナポリに行く予定にしています。他にアテネ・コリントというコースもありますが、この二コースで三十五、六人の者が参加します。昨年はアテネに行く予定だったのに、ビザが取れなくて、直前に私だけが断念しましたが、今度は一ヵ月以上前から準備しており、大丈夫でしょう。また、イタリアではＪＡＬパックが一切面倒を見てくれるから安心です。ヨーロッパでは「ナポリを見て死ね」という言葉があるくらいで、今春、貴方と訪れた鹿児島市と姉妹都市（同じように火山・ベスビオがあるから）になっているこのナポリに期待しています。久保山課長は、今回は留守番に決まりました。

連休前に送ってくれたと言う本、一昨日、トリポリの税関にひっ掛かっていた荷物が届いたのですが、その中には見当らなかった。その後、頼んだと言う他の人の物が届いているのにおかしいですね。私が題名を言った本だけなら大した大きさにならないと思いますが、機会があれば、会社の係の者に訊いて下さい。

キャンプの図書館も出来たのですが、まだ本は少なく、月に二冊くらいしか借り出せません。現在は周囲の人の物を借りて読んでいます。先日数えたら、リビアに来てから読破した本はもう五十冊を超えました。日本に居てはとても閑が無くて、こうは読めないと思いますが、ただ、自分が持参した少数の本以外は、他人の好みに合ったものばかりですから、余り喜んでばかりは居られません。今後、一つ一つ名前は挙げませんが、貴方が見て適当な本、少しずつでも会社経由で託送してみて下さい。その内、安着するものも有るでしょう。その中に、六月から月刊誌になった中央公論社の〝WILL〟と言う雑誌を入れて貰えたら幸いです。この本の前身は、書斎にも積んである「中央公論経営問題」という本で、季刊誌だったものです。

　四月分の給与明細書届いたと思いますが、約二万円の昇給ですね。これは八〇パーセントの数字ですから、二万五〇〇〇円のベースアップと言うところです。一方、現地手当も第五ランクから第六ランクに変わり、月二万円ほどの増額です。過去の差額及び五月分として、五月末に約三二万円が銀行（住友）に振込まれている筈です。これで、給与・手当の支給総額は、毎月八〇万円ほどになります。もちろん、これから税金・キャンプ食費・保険料などは差し引かれますが、当地では、タバコ代、洗剤代くらいしか掛からず、また、他に使う事も無いので残念です。なお、給与明細にある地方税（三万六〇〇〇円程度）も近い内に差し引かれなくなります。私は、現在、城陽市の住民ではありません。リビアの住人ですから。

　来月は、またボーナス月ですね。会社の業績が思わしくないので、余り期待は出来ません。鉄鋼五社は大体足並みを揃えた額で決まるでしょうが、あれはあくまでも平均、計算外の加算のある私の場合、その加算額が会社の業績と比例するのです。

　まあ、貴方がご両親と旅行に行くことや、父母がちょくちょく出歩く金くらいはキャッシュカードで引き出して下さい。

いま、部屋の冷蔵庫には姫リンゴ（リンゴの小さいもの）、桃（小さく固い物）、オレンジ（青い物）それにミリンダ（缶入り）が冷えています。これらの果物は、今後、日増しに大きく、また熟したものが食卓に出回る事と思います。西瓜も出始めました。ただ、牛肉の輸入が制限され、このところちょっと肉料理が少なくなって来ました。と言っても、鳥肉はまだまだふんだんに有るようですし、魚類もイカ・たこを含めて色々出ます。この前、現場にある韓国業者の事務所で、黒鯛（チヌ）の刺身をご馳走になりました。私達用にはチャンとワサビを付けてくれ、自分達はトマトケチャップにピリッとした香辛料を入れた独特のたれをつけて食べていました。獲れたてのものだけに美味でした。食事の内容については心配無用です。

【付　記】

仕事を終えキャンプで食事をした後は、自由時間の余暇である。娯楽室でテレビのビデオを見る以外は、自室での読書が楽しみであった。図書コーナーの蔵書数は十分でなく、自分で購入し赴任時に持ち込んだ本を読み終えると、周辺の人と貸し借りしていた。韓国・三星建設の業務課の両班《ヤンバン》出身の職員・秋《チュウ》さんは、日本語が驚くほど達者な優秀な人で、私が読み終えた文庫本を貸してくれと言って、よく宿舎の部屋まで来ていた。

17　気温四十六度！　ハリネズミ出現

昭和五十七年（一九八二）六月二十九日

元気の様子何よりです。今年の梅雨は男性型とか、余りシトシト降る事はないと、テレビ（ビデオ）のニュースで聞きましたが、如何ですか。梅雨末期の豪雨が心配ですね。

会社に送って貰った本、託送不可との事、久保山課長も同じ事を言っています。やはり、会社が負担するキログラム当り六二〇〇円程の空輸超過料が問題なのです。仕事で本当に必要な図面や計算書すら託送する際の重量制限に引っ掛かり、別便で送っている有様ですから、止むを得ないでしょう。国際郵便小包ならキログラム当り二千円とちょっとくらいです。また、閑を見て試してみて下さい。

最近読んだ本で、面白かったものは、「米内光政《よないみつまさ》」阿川弘之著（新潮文庫）「マリー・アントワネット」上・下、ツヴァイク著（角川文庫）でした。特に、「マリー・アントワネット」は貴方の書架にも無かったようですが、大量の資料から真実と疑いの無いものだけを選び、克明に記した本で、読み応えがありました。三十八歳でもう全くの白髪となり、パリ・コンコルド広場の露と消えた悲劇の主人公を鮮やかに描き出しています。今まで、ルイ十六世の妃、マリア・テレジア（オーストリア国王）の娘くらいしか知識は無かったのですが、一つの大きな史実として、興味深く読了しました。もし、まだ読んでいなかったのであれば、是非読んでみて下さい。

ウオッカにトマトジュースを入れ、レモンを添えた飲物を"Blood of Marry"「マリーの血」と言いますが、このマリーはもちろんマリー・アントワネットの事です。

ここリビアは、昨日と今日は割合爽やかな天気ですが、それまでの四〜五日間は全くの猛暑、気温は現場事務所の百葉箱の中で、四十六度まで昇りました。日中の日光下では、サングラス無しでは目も開けていられないくらい紫外線が強く、そのメガネもメタルフレームだとたまらなく熱くなり、鼻や耳に触れている所が痛いような暑さでした。

現在、昼休みは十二時から十四時まで二時間有りますので、殆どの人が食後に昼寝をしています。

先日の夕方、キャンプの広場にのこのことハリネズミの母子が四匹出て来ました。野生のものが紛れ込んで来たもので、誰かが難なく捕え、木箱の中に二日ほど入れて観賞し、また、自然に帰してやりました。母親は兎くらいの大きさで、その三分の一ほどの子ネズミが三匹でした。人が近寄ると例の如く全身を丸めてイガ栗のようになるのですが、そのハリを摑んで持ち上げると、白いネズミそっくりの顔が見えます。泣き声もチューチューで確かにネズミの一種なのですね。

六月分現地手当の内地払い分として、一三万円余が銀行に振込まれたと思います。今後は毎月二十五日付で同額が支払われるでしょう。定期に一部を振替えるとしても、住友銀行の御堂筋支店（本町）まで行く必要が有り、自動支払機で何回かに分けて出す事も出来ますが、当座必要な引き出しはやるとしても、一応そのままにしておいて下さい。

現在、イスラム教徒はラマダン（断食月）に入っています。役所の者はもちろん、バングラデシュやインドネシアから連れてきている東亜の下請けの者もイスラム教徒ですから、朝、午前二時から三時頃の日の出前に朝食を採り、日中は水も飲まず、タバコも吸わず、で夜九時前（日没は午後八時半頃）に夕食を採るという毎日です。仕事の能率も下がっているようですが、宗教の自由は不可侵ですから仕方が有りません。このラマダンは七月二十日に明けます。その翌日より二十四日までがラマダン休日です。ローマに私も行く予定で準備をしています。

リビアに再赴任して、早や三ヵ月余、間もなく休暇を取れる期間の半分になります。帰国するのももう直ぐでしょう。（十一月十五日頃か？）

【付　記】

気温が四十六度にもなると、熱風が車内に入るため車の窓は開けられない。そんな時でも湿度が低いため、日陰では余り暑さは感じなかった。現場での最高気温は四十九度まで経験した。

リビアは厳格なイスラム教の国である。クルアーン（コーラン）には次のようなイスラム教の五つの柱が記されている。

① 信仰の告白（シャハーダ）

アッラーへの服従を言葉で表明する事。すなわち「アッラーの他に神は無く、ムハンマドはアッラーの使徒である」と唱える。

② 一日五回、メッカに向かって礼拝する事。

③　断食（ラマダン月・九月のサウム）を実施する。
④　喜捨・貧しい人や救済が必要な者に対する年一回の義務的な施しを行う。
⑤　メッカのカアバ神殿に一生に一度は巡礼しなければならない。（ハッジ）
イスラム教の暦は陰暦のため太陽暦より一年の日数は十一日少ないので、ラマダンの時期は毎年ずれる。この年は真夏に当たった。

第三節　ロンドン・ミラノ・ローマ出張とラマダンの休暇旅行

18　ロンドンに来ています

昭和五十七年（一九八二）七月十五日

今、ロンドンに来ています。急な用事ができ、七月十一日より、ここパークレーンホテルに滞在しています。

ロンドンは今、夏ですが、連日気温は二十六、七度までしか上がりません。一昨日は一日中好い天気で、市内の公園では例の如く日光浴を楽しむ人が多く見受けられましたが、その他はどんよりと曇り、昨日は雷雨さえありました。リビアでは四十度以上の猛暑で晴天ばかり、しかも湿度が極端に低いという気候に慣れて来た体には、気温は低くても湿度の高いロンドンでは非常に蒸し暑く感じられ、汗びっしょりです。

ただ、道を行く人々はレインコートを着たり、ウールのセーター姿の人が多く、中には半袖姿の人ももちろんいますが、色々です。近い内に多くの人々が夏期休暇を二〜三週間取るようです。

このホテルも夏期割増料金が付き、食事なし一泊で、なんと二万円も取られます。安いホテルもありますが、高い方も沢山あり、特に有名な公園（グリーンパーク、ハイドパーク、リージェントパーク）の周りには四万〜六万円も宿泊料金を取るホテルが林立しています。イギリスではホテルにクーラーの設備はなく、スティームによる暖房だけです。安いホテルの部屋にはシャワーやバスが付いていないのが普通で、日本と比べて驚くほど高いですね。

毎晩九時半頃までは明るく、また、一方昼間も曇っているため、全体に薄暗い感じで、繁華街では昼間でもネオンが点いています。まあ、相変わらずのロンドンと言うところです。

ロンドンに来たのは、下請け（三星建設）のロンドン支店で打ち合せたり、メーカーに建設材料の調達状況を報告させたりするのを主な仕事として滞在しているのです。しかし、国鉄がスト中で思うようにロンドンの郊外（百〜二百ｷﾛ離れた所）に行けず、またメーカーも、ストや担当者が夏期休暇を取るため思うように工期が守れない様子で、本当にイギリスは仕方の無い国になっているようです。

下請けは韓国の業者ですが、彼等は休みもなく、土曜日も出勤で、しかも毎日朝早くから夜遅くまで働いています。彼等の目からもイギリスは好ましく映っていないようで、愚痴をこぼしています。

主として彼等・韓国人と付き合っているため、食事は朝鮮料理が多く、ロンドンに在る有名な韓国料理店「アリラン」（ARIRANG）にも二、三回行きました。その他もちろん日本料理、中華料理も食べています。

朝はホテルで食べると、パン・ジュース・コーヒーのセットで一六〇〇円。また、これに目玉焼きを加えると二七〇〇円程になりますので、東亜のロンドン支店の近くでスナックに入り、ローストビーフを挟んだクロワッサンとオレンジジュース、コーヒのセットを主な朝食としています。これで四百円くらいです。昨夜は東亜ロンドン支店の人に「あざみ」という高級日本料理店に連れて行って貰い、久し振りに刺身と寿司をたらふく頂き、日本酒も飲めました。

今ロンドンで話題になっているのは、日本でも報道されたと思いますが、女王の寝室に男が忍び込んだ事件です。先週の金曜日（七月十日）夜、エリザベス女王がふと目覚めると、薄汚れた服を着た、見知らぬ三十過ぎの男が、女王のベッドの裾の方に腰掛けていた。男は手に壊れたビンを持っているため、声をあげる訳にも行かず、その後約十分間、男が訳の判らぬ事をくどくど言うのを聞かれていたとの事です。男はバッキンガム宮殿の庭に侵入し、雨樋《あまどい》を伝って二階に上り、窓から入ったらしいのですが、宮殿の警備体制が充分でなかったか、盲点が有った訳で、警察の責任が強く問われているようです。早速、翌七月十一日には、サッチャー首相が女王を訪問し「アイムソーリ、ママ」と言って詫びたとニュースは伝えています。また、新聞は大きな見出しで「バッキンガム宮殿には、入りたいと決心すれば誰でも自由に、いつでも入れる」と皮肉っています。東亜の支店で見た日本の七月十一日付朝日新聞には「女王の寝室に一八〇〇㍍の所で、不審な侵入男が捕らえられた」という記事が載っていましたが、一八〇〇㍍も離れると、もう塀の外ですし、事実は右記したような事でした。全く朝日はいい加減な記事を書くものですね。

さて、ロンドンには七月十七日（土）まで居り、それから北イタリアのミラノに行きます。そこに二、三日居て七月二十日にはローマに入り、七月二十一日リビアから出て来る休暇旅行の人達約二十人と合流し、ラマダン休暇を楽しむ予定です。ミラノも仕事で行くのですが、時間が有ればヴェニスまで足を伸ばしたいと思っていますが、約三百キロも離れており、イタリアでは英語が充分通じないようなので、一人旅は無理かも知れません。

（追伸）

文庫本を会社経由で送ってくれた分は、本のみ会社で抜き取られました。一方、郵便で送ってくれた雑誌「ＷＩＬＬ」は無事七月八日入手しています。

【付記】

ロンドンのホテル代とホテルでの食事、今見ても高いのに改めて驚いている。会社の旅費規程の金額に収まらない場合は、領収書を示して実費精算する事になっていた。会社もよく知っていたようだ。

また、当時のイギリスは国民の権利意識のみ高くて、生産性も悪く、建設資材のメーカーからも工程を重視した前向きの回答が無かった。大げさに言えば国の凋落期に面しているような感じを受けた。女王の部屋への闖入者《ちんにゅうしゃ》の件は、警備の不備と共に、それを象徴しているように思った。

写真―⑤　ヴェニス・サン・マルコ広場（イタリア）

（絵葉書）イタリア・ヴェニスより

昭和五十七年（一九八二）七月十八日

今ヴェニスのサンマルコ広場に来てこの葉書を書いています。三星建設の金さん（日本語もイタリア語も駄目です）と二人でミラノから片道三時間の汽車の旅で来ました。良い天気で運河も船で観光しました。水は海のためか思ったより綺麗で、世界各地からの観光客がドッと詰めかけている様子は、さすがヴェニスと言う感じです。幸か不幸か日本人にはまだ一人もお目に掛かっていません。
（広場で昼食をとりながら……）

【付　記】

前便に記したように、イギリス・ロンドンからイタリア・ミラノに来た。三星建設に調達させている建設資材（タイルなど）の仕様に関するミラノの業者との打合せであった。予め三星のミラノ支店に指示していたので、短い時間で用件は片付いた。ヴェニス（写真―⑤）にはミスラタから同行してくれた三星の金氏と行った。

19　ローマから便りします

昭和五十七年（一九八二）七月二十日

今朝まで居たミラノはイタリア第二の都市で、人口は三百万人弱ですが、都市圏が広く衛星都市を含むと約千万人という大都会で、ちょうど大阪市みたいなものですね。北イタリアの中心であると同時に、経済的には首都ローマを遥かに凌ぐ商工業都市です。他のヨーロッパに近い地の利もあり、豊かな感じがする街です。

ミラノの人々は、南部イタリアを養っているのは自分達だという自負があり、また中には、ローマを含めた南部は本当のイタリアではない、アフリカやアラブの血の混じった雑種であるから、国を二つに分けるべきなどと言う人も居るとの事、確かに月八〇～一〇〇万リラ（日本円で一六万～二〇万円）もする家賃のアパートが林立しているのを見たり、ピカピカに磨いた乗用車が街に溢れているのを見ると、北部イタリアだけを切り離せば、日本より国民所得は上かもしれないと感じました。そのためか、日本の商社や銀行の支店はローマには無くてもミラノには在るようです。いわゆる観光地ではないのでしょう。とは言っても……。

　ミラノに泊まったのは、市の中心部にあるプラザホテル（素泊まり一泊一万五〇〇〇円）ですが、直ぐ隣にミラノ大聖堂（DUOMO）が約二百年前の姿（建造に約四百年かかったとか）が聳《そび》えており、その聖堂前広場に通じるヴィットリオ・エマヌエレ二世通り（これこそアーケードと言うべきもので、幅約二十メートルの通りを挟んで五階建の古めかしいビルが建っており、そのビルの屋上から屋上に架けて円いガラス張りのドームで覆っている構造です。しかも、中心の四辻には半球状の大ドーム《路面からの高さ三十メートル以上》がある）は感嘆無しでは見られない程荘重なものです。

　その他、『最後の晩餐』の原画も市内のある教会に残っているとの事、また、イタリア歌劇のメッカとでも言うスカラ座も中心部に在ります。このアーケードや大聖堂前の広場では、夜毎、数組の楽団が、古典からジャズまでの色々な曲を演奏し、街の人々はそれを聞いたり、また、一緒に踊ったりして午前零時過ぎまで楽しんでいる有様は、余裕のある底深い文化というものを感じさせます。

　今回の出張、韓国の三星建設のミラノ支店を訪ねて来たのですが、市内には何軒かの日本料理店が在りまして、彼らがそこに招待してくれました。昼と夜三回も通ったのは、サントリーが経営している『燦鳥』という店で、一人八千円ほど出すと、日本酒と共にあらゆる日本料理が出てきます。すずきの薄い刺身を氷の上に載せてきた一品は特に美味でした。ウエイトレスも日本人で、訊いてみると何となく海外に出てきて、その店に就職するようになったとか……何処に行っても日本の味は有ります。

今朝、八時十分ミラノ駅発ローマ行きのTEE（ヨーロッパ横断特急）の一等車に乗り、六百三十七㌔（京都から下関位）を六時間五分でローマにやって来ました。因みに二日前ミラノからヴェニスに行った時の列車はパリ発ヴェニス行きでした。ローマまでの一等車の座席は、応接間にある椅子をそのまま列車内に持ち込んだ感じで、位置は自由に移動できます。また、新しく気持ちはいいのですが、やはりコンパートメント式（個室形式）の方が落着いて私にはピッタリします。途中、フィレンツェは晴れているのに雨が降っていました。このフィレンツェも時間が有ればゆっくり訪ねて見たい街の一つです。古くていい街だと聞いています。

ローマはカンカン照り、ミラノより更に暑いようで、ちょっと歩くとたちまち汗が流れます。明日、リビアより直接来る一行二十一名と合流し、ラマダン休暇の旅になります。そのため、今日は日本航空ローマ支店に顔を出し、明日の行程打合せをしました。あとは適当に街をぶらつき、ヴァチカンの博物館及び愛の泉（トレビの泉）とスペイン広場（パリ、サクレ・クール寺院前とよく似ている）を見たぐらいで、残りは後の楽しみとしておきました。予想していた通り、街はミラノより薄汚い感じです。

今日の夕食は、また日本食、ローマ三越が経営している『日本橋』と言う店で、一人でフィレトンカツ定食を食べました。店内は日本人でいっぱいでした。まあ、また貴方と一緒に来る事もあるでしょう。その内に……、ところでヴェニスからの絵はがき着きましたか？

（ローマ駅近くのホテルで）

【付　記】

ミラノで金氏と別れて、一人で特急列車に乗りローマに向かった。旅行団より一日早く、初めてのローマに着き博物館等を見学できた。ミラノとローマの違い、確かに実感できた。

（絵葉書）イタリア・ローマより

昭和五十七年（一九八二）七月二十二日

七月二十一日、リビア・ミスラタから来た一行二十一名と合流し、休暇を楽しんでいます。昨日は一人でヴァチカン市国の博物館を訪れ約三時間見て回りましたが、夥《おびただ》しい展示品に圧倒されました。今日は朝から観光バスで終日ローマ見物、主な所は全て回りました。買物は、このまま日本に帰る訳ではなく迷っていますが、革製品の安いのには一寸驚きです。有名なGUCCIの本店もあります。それと、やはり日本人観光客の多いのにはびっくり、女子高校生の旅行団にも会いました。

本当にこの頃は……、明日はナポリ・ポンペイに行きます。

【付　記】

ミスラタのキャンプには七月二十五日に帰着した。（写真省略）

20　ポンペイ観光の報告と旅への誘い

昭和五十七年（一九八二）七月三十日

九州地方は豪雨に見舞われたらしいですが、京都は何ともなかったですか。七月十一日あるいは十二日には、また雹《ひょう》が降ったようですね。駐車場のタキロン板に再び孔《あな》が明いたのではないでしょうか？

七月二十五日無事イタリアからリビアに帰って来ました。その前、七月二十三日には予定通りナポリに行ってきました。イタリア太陽道路（高速道路）を通って、まず、ローマの南約二百キロにあるポンペイの遺跡を訪ねました。ベスビオ火山の大噴火により二～三日で灰の下に埋もれた古代ローマの都市です。まだ一部しか発掘されていないとの事ですが、整然とした街並みが往時を偲ばせます。大きな建物は殆ど無く、民家が多いのですが、貴族の館などは本当に豪華なもので、広い中庭を囲んで数多くの部屋が並び、サウナ風呂まで有ります。とても二千年前とは感じられません。もちろん、熱い灰の下でもがきながら死んでいった当時の住民の姿を石膏で固めた人形はリアルそのもので、鎖に足を取られた飼犬が仰向けになったまま灰の下に埋もれていた物まで有ります。ベスビオ火山は現在は煙も噴いていませんが、鹿児島の桜島に似た山容は、いかにも火山と言う感じでした。ただ、天気が良過ぎて、空気がかすみ写真に撮れなかったのが残念です。

全体的に言えば、やはり、リビアにあるローマの遺跡・レプティス・マグナの方が規模も雄大で、文化程度も高いようです。

ポンペイの後、直ぐ近くにある大都市・ナポリに行きましたが、泥棒の多い街として有名で、イタリアの貧しさの固まりのような下町は、ナポリの旗とも言われる洗濯物が、道路上を横断してうす汚いアパートビルの間に張られた無数のロープにはためいていました。

多くが裸足の子供によるかっぱらいは、特に観光客が狙われると言うので、街の中はバスから降りられず、車内でガイドの説明を聞いただけです。

マフィア組織の中心があると言われるシシリー島には、ここからフェリーが頻繁に出ています。昼食はソレント半島が霞んで見えるサンタルチア海岸のレストランで、スパゲッティと海老や魚の天ぷら、それにワインという内容でした。海岸といっても、世界三大美港（他はリオデジャネイロ、シドニー）の一つと言われるだけあり、山が迫っていて砂浜が無く、海は急に深くなっており、レストランの目の前もヨットハーバーになっています。

リゾートの島・カプリ島もこの直ぐ沖に有ります。街自体は想像していたより悪かったのですが、さすが港近くの丘から見たナポリの眺めは素晴らしいものでした。

ローマからトリポリまでは飛行機で僅か一時間四十分、大阪から札幌までより近いわけで、本当に地中海を隔てて向こう岸にある国ですが、中味は極端に違います。それでも今このミスラタのキャンプに帰りホッとしています。やはり、二週間連続の外国旅行、それも大半が業務上の一人旅と言うのは疲れます。落ち着く時間が有りませんから……今日は休日、ゆっくり骨休めです。

つい先日の七月二十八日で、リビア赴任期間が満一年になり、丁度半分を過ぎました。早いもので昨年七月、インドから帰って十日程で、バタバタと赴任して来たのですが、もうあれから一年が経ちました。あとは折り返しですから、さらに時の経つのが早く感じられるでしょう。次の休暇帰国は十一月中旬からと予定していますが、この時までであと百日余り、今回三月十九日の大阪を発って早や百三十日以上になりますから、もうすぐと言う感じです。どうですか、あなたの感じは？

リビアに帰って、さっそく送って貰った雑誌「ＷＩＬＬ」を読んでいます。航空便だったのですが、送料が高かったでしょう。本の値段の五倍程も払ったのではないですか。

ところで、梅雨も明け、祇園祭も終わり、一番暑い頃だと思いますが、どうですか、夏休みの無い保育園は大変でしょう。また。子供達をプールに遊ばせて、一緒になって日焼けしている事でしょう。家ではまだ他の部屋にクーラーをつけていないのですか。何とか凌げれば良いのですが。このキャンプの部屋に居る時は、いつもクーラーを入れています。久保山課長は絶対にクーラーは使用しないと誓って暑い部屋で頑張っていますが、奥さんから身体のために、使わないように言われておられるようです。

毎月の給料の他に、このところ毎月、現地手当の国内支給分が振込まれていると思います。それに最近、ボーナスが入ったでしょう。手取では約二万円、十二月の時より増えていましたね。さらに、現地手当の現地支給分をある程度まとめて国内で支払って貰った分が、六十数万円振込まれていますね。

これらの他に、現地にまだ七〇万円ほど貯まっています。これは次の帰国時に日本で支払って貰うように考えています。ローマ行きの費用は全て当地の手当で賄います。

ところでこんな話が有ります。

日本航空のローマ支店が世話をして、日頃の顧客である東亜関係・ミスラタ赴任者が休暇や帰国時に、家族を格安の航空運賃でヨーロッパに呼び寄せ、一週間から十日間ヨーロッパを巡って日本に帰るというプランです。大人一人往復二四万円から三〇万円で航空運賃一切が含まれるとの事。もし一人が単独で日本から来ると約七〇万円の往復運賃がかかりますから、非常に安く、主人分は会社持ちですから負担はかかりません。もちろんホテル、食事代は別になるが、パック旅行で日本から二人で来れば、やはり最低八〇万円はかかるため、一考の価値はあります。

今から計画して十一月中旬に十日間ほど休みが取れるなら申込んで見たらと思いますが、どうですか。ローマを入れて、あとはパリ、ロンドン、マドリッド等の大都市巡りのツアーにすれば、二人だけでも充分旅ができます。パリかローマで待合せが出来るように日本航空が責任を持って世話してくれます。日本から片道だけ一人旅になりますが、それもまた面白いのではないですか。考えてみて下さい。

それが無理であれば、一旦日本に帰ってから、今度は是非シンガポール、香港に行きましょう。八日間（場合により六日間でも）ぐらいのツアー広告が新聞に載っていますね。費用は余り変わらないので、思い切ってヨーロッパに出て来ませんか。来年七月に赴任期間を終えて帰る時は、休暇でないため充分な時間は無いと思いますので……。

もうヨーロッパは誰でも気軽に来る時代になりつつあります。

先ほど、この手紙を書く事を中断してキャンプ内のサンパツ屋に行ってきました。毎週月・金の二日間、娯楽室の一隅にある理髪室で韓国人のプロのサンパツ屋が整髪してくれます。一人二十五分位で、洗髪と顔剃りはありませんが、もちろん、無料です。このためか、一時流行った仲間のヒゲ面は大分少なくなり、皆さんこざっぱりした顔で休日を楽しんでいます。

【付　記】

韓国人の散髪屋、人気が出て、予約時間を決めて利用していた。

妻との旅行計画の提案、海外は全てダメになった。やはり担当クラスの決まっている公務員の保母、勝手に休む事は出来なかったようだ。

第四節　現場に来客多く、カダフィ大佐も

21　写真説明と本社からの来客

昭和五十七年（一九八二）八月十三日

さて、手元に入った写真を送ります。イタリアの分は、三星建設の金氏がミラノで別れたあと、ロンドンに行って焼付けてくれたもので、彼のカメラで撮った写真です。

①ヴェニス・サンマルコ広場の Open air Café（屋外レストラン）で昼食を注文し、待っているところ。隣は三星建設のエリート技術者・金さんです。ご覧のように、注文しない限り、水一杯も持って来てくれません。水は炭酸の入っているものが殆どで、ただの水と言うのはまずありません。値段もビールとほぼ同じ。椅子に書かれた MARTINI と言うのはワインの銘柄です。

②同じく、サンマルコ広場にて。鳩が沢山います。行き掛りの人に撮って貰ったので背景が悪いですが、正面がサンマルコ寺院で、玄関は修理中の板囲いが見えます。右のレンガ張りが鐘楼の一部です。

③上記鐘楼の上から外を見て。

④ヴェニスの大運河。運河と言ってもこれは海です。水上バスやモーターボートが行き交う水上のメインストリート、車は一台も有りません。ただ、ゴンドラは、左右のビルの間にある網の目のような狭い小運河を行くだけで、この大運河ではめったに見られません。ゴンドラは真っ黒な船体で、船首近くに真紅のバラを飾り、横縞柄のTシャツを着たゴンドリエが櫂《かい》で漕《こ》ぐのです。乗ってみようと交渉したのですが、当方の希望するルートでなく、決まった観光コースを廻るだけと聞き、止めました。二人乗りが普通で、運賃はコースにより五千円から一万円くらいもします。

⑤ミラノの大アーケードの入口。夜十一時十分前。このアーケードの奥に十字路があり、その大ドームの下で例の音楽会が開かれているのです。天井までの高さ三十㍍程はあるでしょう。ホテルの近くだったので十二時近くまで見物していました。

⑥ミスラタ事務所内で、工務課の者が写し、日本にフィルムを持帰り、焼付けして再びリビアに持ってきた物で、さらに、この手紙で日本に送る物です。隣は山城さん。大成建設から応援に来て貰っている十名の代表者で、所長クラスです。所長のみは、どんな現場でも作業服は着ずワイシャツにネクタイと言うのが大成の規則であるとの事。もちろん当現場では、東亜の社員という事にして、客先、下請けと折衝して貰っていますが頑なに大成の慣習を守っています。私の机の右隣が久保山課長の席です。この三人の前に一般の机が、土建課のみで二十四並んでいますが、十月にはそれでも足りなくなるでしょう。

結局、イタリアではお土産は殆ど買わなかった。ヴェニスで小さな人形一つとヴァチカン市国の郵便局でパウロ二世のコインセット（父への土産）を買ったくらいです。

リビアは連日いい天気です。そちらは台風十号の大雨があったとか、新聞で見ました。何とも無くて結構でした。八月も中旬となり、やや日も短くなる傾向が見えていますし、暑さも峠を越した感がありますが、先日八月七日に現場として最高の気温四十九度を記録しました。この日はギブリ（熱砂風）が吹き、いつになく蒸し暑く、本当に値打ちのある印象的な暑さでした。

九月には、二十七日から十月一日まで五日間リビアの休日があり、また海外旅行が計画されています。今度はローマ・アテネの二コースに加えて、フランクフルトとマルタ島の二コースがあります。マドリッド（スペイン）は飛行機の便が悪く、駄目だったようです。出来れば参加したいのですが、先の休暇の時、留守した人に優先権があるため、多分、また出かける事は無理でしょう。三星建設は休み無く仕事をする予定とか。

先日の旅行も、私の場合、出張と引っ掛けて行ったため、航空運賃が只になったと周囲から羨ましがられていますので、余り良い目は出来ない感じです。

海の上での工事が二、三日前に完了し、日本から来た海の男達の送別会を今夕キャンプ内のゲストハウスで行います。土建工事ですから久保山課長と私が出席の予定です。

最近は色んな人達の訪問が絶えません。私の留守中には、東亜の森下副社長が来られたり、リビア駐在の輪田大使が夫人同伴で来られたりしたそうです。先日は、エンジニアリング事業部長で専務の磯貝重役がお見えになり、歓迎夕食会を日本人全員約一五〇名が一堂に会し行いました。

現在、エンジニアリング事業部の第一建設本部の副本部長兼リビア建設部の部長である山岡さんが三週間ほど前から来られており、連日、具《つぶさ》に工事状況をチェックされています。あと一ヵ月は滞在され、来年あるいは今年末から、ここミスラタ建設事務所の所長として赴任される予定です。入社暦三十五年というベテランですが、その三分の一は海外の仕事で過ごしたという人ですから、二年や三年の赴任なんてと軽くあしらわれそうです。

磯貝専務の話にもありましたが、鉄鋼は今大不況、東亜の株が安いながらも他の鉄鋼メーカーに比べて高いのは、海外プラント工事が大きな成果を上げつつあるからだとの事、特にこのリビアプロジェクトは東亜の経営に大きく影響するため、非常に熱い目で社内の上層部から注目されており、また、他の競合メーカーも行く末を見守っているようです。

航空便で文庫本三冊、八月七日着で受取りました。送料は少々高いでしょうが、何しろ一万五千㌔以上も運ばれて来るのですから止むを得ないでしょう。また、折を見て何か送って下さい。

最近は日本食品の輸入権が取れたので、割合何でもあります。そうめんは無いのですが、冷やしうどんは、ここしばらくの間に二回ほど昼食に出ました。大根おろしの粉末まであります。水を加えて一夜放置すると元に戻るものだそうで、それに缶詰のなめこを加えてよく食膳に出ます。焼き豆腐も缶詰なんです。牛肉はやはり少なくなって来ていますが、鳥肉で補っているようです。まあ、ご安心下さい。

【付　記】
詳しく書いているので特に付記することは無い。写真六枚は仕上がり具合が悪いので添付を省略する。

22　カダフィ大佐、現場に現わる

昭和五十七年（一九八二）九月十七日

この前の便りは八月十二日に受取りました。会社を通さず、直接航空便で送られたにしても遅すぎます。文庫本三冊の便は八月二十九日に受領しました。非常に早く着いています。

今週は神戸本社より、当プロジェクト直接担当の重役・下山本部長が、土建の井口課長（昨年七月赴任時に伊丹空港まで見送りに来て下さった人）等と共に当現場に来られ、本社と現場の連絡会議を連日やり、毎晩遅くまで大変でした。今日（九月十七日）重役は次の訪問地、ナイジェリアに向けて発たれ、ホッと一息ついています。

現在約七百人いる土建関係下請の三星建設の要員数を今後急速に増大させ、二千人またはそれ以上の人数まで、いつどのようにして増やしていくか、本格的な工事の工程を作る事が当面の大きな課題となっています。

このためもあり、今月末九月二十七日から十月一日の五日間は犠牲祭で休日となりますが、海外旅行は断念して、半分は事務所に出て仕事をする事になるでしょう。

九月ももう半ば過ぎ、聞くところによると日本は厳しい残暑が続いているとか、真夏が涼しかった反動ですね。台風十五号も北日本沖にそれたようで安心しました。

今秋の海外旅行の広告が新聞に出揃ったようですが、貴方がこちらに来る事決めましたか。それとも、やはり十日間の休みを取る事無理なようですか。駄目なら、一旦日本に帰った後、東南アジア（シンガポール、香港）のどこかに六～七日間行きましょう。それには、まずパスポートですが、旅行代理店に団体旅行を申し込む時、パスポート取得手続が直ぐ出来るよう必要な物を一式揃えておいて下さい。

宇治のご両親とは、一緒にどこかに行く計画は出来ましたか。手紙によると大変お元気そうで何よりです。一、二泊旅行なら無理はないのではないですか。盆に行ってどうでしたか。

リビアも九月に入り天気の様子がちょっと変わってきました。四、五日前、何ヵ月振りかでパラパラと雨を見ました。朝夕はめっきり涼しく、凌ぎやすい毎日になっています。九月一日は王政から民政に変わった革命記念日で休日でしたが、その後、カダフィ元首は、リビア国内をあちこちパレードに出席するため現れており、九月七日全く突然に、このミスラタ製鉄所建設工事現場に姿を現しました。丁度その時、私は会議中で席を外せず事務所に居たのですが、現場に出ていた連中の話によると、半ズボンに緑色のワイシャツ、頭にはやはり緑色のコマンドベレーを被り、六〜七人の女兵士を交えた護衛隊に守られて、当社の杭打工事や地下水槽工事の現場内に長靴を光らせて見て廻ったとの事。世界の名物男・カダフィの健在振りが判ります。また、リビアという国が如何にこの工事の完成を期待しているかも窺われるでしょう。

仕事は忙しいのですが、運動不足のためか、めっきり太ってきました。現在六十四キロ強（十七貫百匁《もんめ》）の体重になり、会議のためロンドンから来た川本所長に、七月会ったばかりなのに「太ったなー」と冷やかされています。食欲も衰えず、これから涼しくなるので、減量する事はちょっと難しそうです。まあ、精々テニスの練習でも閑を作ってやりたいと思っていますが……。

写真を二枚同封しておきます。

一枚は旧いもので、昨年六月インド・カルカッタのビクトリア女王の記念館に行った時、玄関で写したもの。インド女性の服装に注目して下さい。

もう一枚は、現場事務所で今年の八月二日に撮ったものです。隣の赤シャツは、ミスター・ページと言ってイギリス人で、ロンドンのコンサルタント会社から技術アドバイザーとして当社が雇った土建技術者（五十六歳）です。難しい内容の用件を口頭で伝えて手紙を作成したり、技術仕様の解釈で注文主や下請けと考え方が違った時、彼の助言を入れて反論する時等に役立っています。この前送った写真と席の位置が変わり、手前の席が久保山課長の席です。

【付　記】

カダフィ大佐の現場視察は公式のものではないと事前に客先より通達があったので、出来るだけ大人しくする事にして、臨時の会議を行い、職員一同は事務所で待機していた。

なお、二枚の内一枚は先に写真―②として示したものである。もう一枚の写真は省略する。

23　最も長い手紙

昭和五十七年（一九八二）九月二十九日

高槻の消印のある九月五日の手紙、九月十九日に受取りました。今までの新記録です。

大学や中学の同窓会の案内、私の場合、住まいは京都の周辺から離れなかったものの、職場は大阪と神戸、いや日本全国の現場が職場でしたから、京都に居た期間は非常に少ない、短いと言えましょう。まして、今はこのアフリカのリビア住まい、同窓会と言っても、かけ離れた感があり、妙な具合です。

それはそうと、九月二十五日朝から中・四国を中心に通過した台風十九号、影響はどうだったですか。その二日ほど前から雨が降っていたとか、洪水警報も奈良県に出ていましたね。電車や奈良線が通らず、出勤できなかったのではないですか。強風に対して家の門が心配ですが、まあ無事だった事でしょう。今年の台風は数が少ないですが、もうお仕舞いでしょう。
　プードルを飼い始めたとの事、それも床上ですか。賑やかなことでしょう。吠えるのですか。何も書いてなかったが。不潔にならぬよう家の掃除や犬自体の手入れが大変でしょう。成犬のくせに馴れているとか、変わった奴ですね。毛糸で編んだ靴下を履かせたら似合いそうに思いますが、如何。色は灰色だと考えています。今度、帰って家に居る間中、吠えられては敵《かな》いませんが、大丈夫かな。ジョンは相変わらず大人しいのですか。
　リビアは今連休中です。九月二十六日〜九月二十九日まで四日間、イード・アル＝アドハー（犠牲祭）になっています。これは、大昔、アブラハムという信心深い人がその一人息子のイサク（アラブ人の祖先とされている人）を生贄に捧げるよう神から命じられる試練を受けた。悩んだ末に決心し、アブラハムは神から命じられた場所に息子を連れて行き、まさにイサクを刃物で屠《ほふ》ろうとした時、天から神の使いが降りて来てその行為を止めた。アブラハムはその時通りかかった山羊を屠って代わりの生贄として神に捧げた。それ以後、イスラムの世界では、毎年同じ日に羊を屠って神に捧げることになり、アラブのお祝い日と決められた。（クアラーン）
　言わば、日本の正月のようなもので、この犠牲祭以後年が改まったように、これらの国々の人は感じるようです。そのためか、そんな祭に関係のない私達外国人が、休日も仕事するからと許可願を出したのですが、この休日は特別だから仕事をしてはならぬと言われ、工事はストップしています。この休日の最初の日が、九月二十六日か二十七日になるのかは、前々日の夜か、前日の早朝にならないと判らない、と言うので、当初、二十七日の積りでいたのに、急に二十六日からと決定され戸惑いがあった。理由は、今でも存在するる国の占星師が、その夜の月と星の運行を占って決めるとか、国民は固唾《かたず》を飲んでその決定を待ち、決まった事は口から口へ、またはテレビで知らされると言う訳ですョ。本当に変わった国です。イスラム圏ではどこの国でも大同小異との事。

★連休と言えば――

旅行です。先便にも記しましたが、私は前回行ったため、残念ながら遠慮して留守番になりましたが、今回も三十数名の人が九月二十七日から海外に出かけました。近くはマルタ島から遠くはドイツ・フランクフルトへ。もちろん、ローマ・アテネ組もありました。ドイツ組は、マインツからケルンまでライン川を下るようです。有名なローレライの岩、ラインの古城の数々、古い街並み、美味しいワイン等羨ましい限りです。リビアから近いように見えても、日本からの団体旅行と比べてほぼ同じくらいの費用（小遣いを入れると、一人約四十万円）が要ります。今頃は連中、ワインかドイツビールを飲みながら、楽しんでいる事でしょう。

★旅行と言えば――

久保山課長です。彼も九月二十六日から出国しました。と言っても出張を兼ねたものです。イタリアのトリノ市（先々月、私が行ったミラノの直ぐ近く）で開かれる「元請業者会議」（Contractor Meeting）に出席するためで、ローマ経由でトリノに行き、あとフランクフルトで自動車の部品を買い、デュッセルドルフ経由ロンドンに行き、日本から当社ロンドン支店に送ってある図書（数十キロはある）をついでに引き取ってくると言う任務です。もちろん、仕事ばかりでなく、ヴェニスやスイスに行く余裕も有ると思います。そのため結構楽しそうに出かけられました。

★久保山課長と言えば――

輪田大使です。先日（九月二十四日）ミスラタから約八十キロ離れた所にある町・ズリテンの郊外でゴルフ大会があった。コースは川崎重工がセメント工場を建設している敷地内に設けられたもので、トリポリ～ミスラタ間にいる日本の会社の代表が集い、輪田大使を迎えてゴルフのコンペを定期的にやっています。今回は大使が十月初め、リビアを離れフィジー諸島の大使に勤務替になられるので、輪田大使とは最終のコンペだったのです。東亜からは久保山課長が一人参加しましたが、見事優勝し、高さ約三十センチの輪田大使カップを持って帰りました。コンペは今まで九回行われ、今回が最終のためカップは取り切りとなり、課長の物になりました。過去九回の内、輪田大使夫人が優勝された事もあり、そのカップにリボンが下がっています。前回も優勝者は久保山課長でしたが、初参加という事で、二位の人が繰り上げて優勝になった事もあり、今回の成績で本当の実力が証明された訳です。それにしても、課長は、スポーツ何でも強いのに驚きました。

★輪田大使と言えば――

お客として、この連休に東亜キャンプに来られました。上記の退任挨拶を兼ねてトリポリ居住の商社の奥さんと子供を連れての来訪でした。子供だけで全員で十一人も来、キャンプとしては初めての日本の子供です。その子供達への配慮からか、その日のキャンプの夕食に珍しくケーキが付きました。夜はゲストハウスでカラオケ大会を行い、それぞれファミリーハウスに泊まって貰いました。翌日（九月二十八日）は東亜内のバレーボール国際試合（日本・韓国・バングラデシュ・タイ・インド）を観戦して一行は帰られました。フィジーは南太平洋の楽園と言われる美しい国ですが、やはり僻地《へきち》には違い有りません。大使は四十～四十二歳ぐらい、夫人は四十歳ぐらいです。上の子供は中学三年くらいの大きな男の子です。夫人はゴルフの他、カラオケも得意であり、麻雀も相当な腕前とか、なかなか活発で明るく、女傑と評している人もいます。

★お客と言えば――

このように色々な人がキャンプを訪れますが、十一月の末（私は帰国して居ないかも知れない）には立川談志が来る予定です。日本航空のローマ支店が世話して連れてくるようで、落語家として何か話を聞かせてくれるのでしょう。彼独特の毒舌で、このキャンプ生活を皮肉るのではないかと思いますが、娯楽の少ない当地の事、近くの中野組や川重のキャンプからも日本人が詰め掛けてくる事と思います。隣の韓国（三星建設）のキャンプには、韓国政府派遣の慰問団が訪れ、歌や踊りを披露して帰りましたが、その時は近郷の韓国人が二千人も集まったと聞いています。当キャンプも、落語家でなく、女性歌手（松田聖子、都はるみ等）が来るのであれば、皆も熱狂するでしょうが、無理かな？　いずれにせよ、これと言った娯楽が無いのが、当地の欠点でしょう。

★娯楽がないと言えば――

当キャンプはもちろん、リビアではアルコールは禁じられている事は先刻ご承知だとおもいますが、先日、土建課に所属する協力会社のある人が、キャンプ内で飲酒、泥酔し、夜中に所長室を訪れたり、友達の部屋を廻って文字通り皆を叩き起こし、ドアや壁を特技の空手でブチ破ると言う事件が起きました。

当日の夜、私も娯楽室で彼から絡まれ、課長と共に対策を考えていた夜中の事でした。翌日、所長命令で、即刻、強制帰国の処置が出、九月二十六日朝、帰国させられました。どこから酒を手に入れたか不明ですが、アルコールが無いと聞いて、志願して来たと言っていた彼が、目の前に酒を出されると手が出てしまい、過去何度か酒が原因で失敗してきた仕事を今度もまた繰り返す破目になったようです。ともあれ、私の下で積算業務をやって貰って居たので、次の人が来るまで仕事が増えて大いに迷惑しています。色んな面で厳しい現場の条件に彼は僅か三ヵ月しか耐えられなかったわけです。

★現場条件の厳しさと言えば――

日本人だけでも百数十人が居るこの建設現場、やはり色々な病気や怪我が出ています。骨折だけでも五人がなり、その内二人は当地での治療が難しいとして帰国させました。精神的に影響が出るのか、食欲の無い人、下痢ばかりしている人、夜眠れないと訴えている人、また最近は季節の変わり目で風邪を引いている人が目立ちます。

これらの人を診て来た診療所の平井先生が九月末日で任期が切れ帰国されます。後任の先生も来られていますが、連休中のこと、まだ皆に紹介はされていません。平井先生は弘前大学出、奥さんは東北大学医学部出のれっきとした医者、東亜は主人の方だけしか雇っていませんが、奥さんは看護婦として勤めていました。もちろん無給。そのため二ヵ月ほど前、一足早く奥さんはロンドンに英語の勉強に行くと言って出かけてしまいました。十月初旬、二人はフランスのマルセイユで会いヨーロッパを廻って帰国する予定です。安全衛生上極端な例は、以前の手紙でも知らせましたが、この春、韓国業者のある作業員は、帰国を目前にし、土産の入ったトランクを傍に置いて心臓発作で急死、飛行機でドライアイスの入ったアルミの棺に詰められ、帰国したという事が有りました。

また、つい先頃、これは東亜に直接関係の無い事ですが、リビア政府と当社（元請業者）の間にいるインドのコンサルタント会社の設計技師が、ミスラタ市内にある彼の宿舎ビルの七階から飛び降り自殺しました。三十歳位の独身者で、婚約者と離れ離れになったリビア赴任であったようです。東亜の工事に関する設計の承認業務を担当していたため、私もよく知っている人でしたが、一ヵ月程前より、ちょっと彼の様子がおかしいと仲間で話していたところでした。異国での淋しさにノイローゼになったようです。当日、インド・カルカッタの彼の自宅に電話するため、東亜の事務所に来た同僚の悲愴な顔が思い出されます。

★電話と言えば――

確かにもう長い間電話をしていませんね。四月か五月に一回掛けた切りではないですか。理由は色々あります。一つには、電話が事務所に付けられて、ちょうど良い時間帯の夜九時～十時（日本時間）は社用で使う（その時間でも神戸本社では誰かが働いている）のが多いこと。さらに休日は事務所に行く車の便が無い事（キャンプから事務所まで約四キロ）が主な理由です。ここ一ヵ月程は、リビア革命記念行事のため、外国の要人がトリポリに集まり、海外電話（リビアから外に掛けるもの）は不通となっていた。それにＡＵ（アフリカ連合会議）もあったりし、同様の処置がとられていた。新聞によると、ソ連の場合も、ここしばらく外からも内からも通話が出来ないか、非常に難しいとの事。リビアのケースは外線の絶対数が少ないための処置だと思う。それでも、一週間程前から通じるようになったので、この連休中に電話しようと考えていたのですが、連休の直前に、電話線の電柱が建設機械（クレーン車）によってへし折られる事故があり、復旧は連休に入ったため駄目になりました。まあ、その内に電話します。もし、そちらから、リビアに電話するようでしたら、（リビア）０５１―２６６８３に掛けて下さい。必ず私が電話口に出る「通話者指名電話」として国際電々に申込めば良いのです。まず、掛かり難いでしょうし、事務所の席にいない事が多いため、無駄かも知れません。人工衛星を経由する場合は、明瞭に聞こえますが、海底ケーブル経由の場合は、声を張上げないと判りません。

★長い間電話をしていないと言えば——

再赴任で三月十九日に日本を離れて満六ヵ月が過ぎました。この間、自分で持ってきた本、貴方に送って貰ったもの、図書室が整備されたこと等により、数だけは随分本を読みました。昨年七月末以降の当地に来て以来読んだ本の題名を記していますが、現在九十五冊目の本、日本放送出版協会の南條範夫著「元禄太平記（後編）」を読んでいます。テレビドラマ「忠臣蔵」の本です。もうすぐ百冊になります。ここしばらくの内に読む予定にしている本で、現在、日本でも評判になっている森村誠一の「悪魔の飽食」（光文社）が有ります。あまり愉快な本ではないが、知っておく必要が有りそうな内容です。関東軍細菌戦部隊（７３１部隊）の活動を描いたドキュメントで、奇しくも、ごく最近阪大で流行性出血熱と言う奇病が発生していますが、この病気は、この７３１部隊が研究していたもののようです。送って貰った「ＷＩＬＬ」は季刊から月刊に変って、内容が軽薄になったようです。以前「経営問題」と言っていた頃の読み応えはありません。折を見て、また何か文庫本か新書を送って下さい。本があれば時間を持て余したり、ノイローゼになる懸念は全くありません。と言っても、本ばかり読んでいたのでは、運動不足になるでしょうが……。

★運動不足と言えば――

毎朝七時五十分から八時まで、現場事務所前の広場で、東亜の者全員でラジオ体操をしています。百三十名程の日本人が大きな輪になって体操し、その外側に約一五〇名のバングラ、インド、タイ、フィリピン、マレーシア等のワーカーも居て、行います。日本人は規律正しく手足を揃って動かしているが、外国人ワーカーの動きは、何時まで経っても不揃いで、手足がバラバラで、見ていて面白いほどです。手なら手、足なら足だけを動かす事は出来ても、同時に動かす事は先天的に無理かも知れないと思うほどです。去る九月二十二日朝、二ヵ月間の出張滞在を終えられた山岡副本部長(重役の直ぐ下の人)が帰られることになり、挨拶が有りましたが、その時、常日頃の体操を見ていて、最もきびきびと動き、気持ちの良い体操をしている者として、岩成（私）が呼び上げられ、皆の前で表彰されました。同時に記念品としてゼブラのシャーボ(シャープペンとボールペンが一体になった物）を頂きました。所長も動きがいかにも若々しいと言っており、幾つになっても若く見られる要素が有るようです。貴方も園児を相手に若々しく体操していますか。私の場合、日頃の運動不足を少しでもカバーするため、せめてラジオ体操くらい精一杯やろうとしているだけですが、他の人は戸外での激務が、それから始まる朝一番の事だけに、それほど気合を入れていないのかも知れません。

★激務と言えば――

疲れは風呂で癒します。朝夕は涼しくなったとは言え、日中の直射日光は強烈で、やはり汗をかきます。また、汗はかかなくても、砂ぼこりがあり、夕方の風呂は欠かせません。ところが、ここ二ヵ月程水不足で給水制限があり、浴槽に湯を張ること禁止、製氷機の稼動禁止、洗濯機の毎日使用禁止、トイレの水洗槽の水も少なくするなど節水キャンペーンを続けて来ていました。もっとも一時期は重油不足のため、湯の出るシャワーは一日置きという厳しい条件の日々も有りましたが、今では風呂のシャワーだけは使えます。

リビアでは水は貴重で、市の水道局も無制限には給水（と言ってもタンクローリーで取りに行く必要がある）してくれず、農家の井戸水を取ることも量の制限があります。建設工事期間中の水を確保するため、海水を淡水化する設備を東亜が請け負っており、一日に五百㌧の水を生産する設備は完成していたのですが、これを東亜も入れて六社の元請業者で分配するため、とても足りないのが現状です。しかし、つい先頃より一日に二二五〇㌧の水を造り出す設備が漸く動き出し、余裕が出てきました。そのため、先日より水の給付制限が緩和され、月水金の週三日間に限って浴槽に湯を入れる事が許可されました。久し振りに湯舟で身体を伸ばして疲れを癒しています。

★風呂と言えば――

福島さんです。山九運輸から来ている、私より二つ年上の人ですが、日本から来る船の荷卸し関係の仕事を主にやって貰っています。東亜として全部で五十隻以上の船が、工事資材を積んで日本からこのリビア・ミスラタ港に来ます。現在第十八船が到着するところですから、まだまだ先が長いと言えます。彼は昨年六月から来ており、二年半から三年の滞在予定です。風呂場で彼に会うと、いつも体重測定をしています。赴任当時七十四キロ程あった体重が今六十五キロに減っており、この一月、初めて休暇で帰国した時は、成田空港に出迎えに来られた奥さんが、見てびっくりし「こんなに痩せてしまって……」と言って涙を流されたと言う話を聞きました。原因は糖尿病の気があるとかで、一時退任帰国かと言う話も有ったのですが、頑張って残る事にされたようです。今はホルモン剤を服用して事なきを得ています。なかなか良い人で、日常的に付き合いをしていますが、十一月の初旬から二回目の帰国を予定されており、十一月中旬に帰る私と日本で会う事を約束しました。是非、京都に行くと言っていますので（彼の家は横浜）場合により、城陽の家に来て貰うかも知れません。彼の勧めで買った山九の株、チッとも上がりませんが、世界的な不景気の折、仕方がないでしょう。持続しましょう。

★福島さんと言えば――

上に記した私の帰国ですが、十一月中旬と言うだけで、日は全く未定です。この手紙は十月七日に帰国する人に託しますので、そちらに届く頃には、帰国まであと一ヵ月になっています。北回りで直接帰国するか、南回りでアテネ、シンガポールに立寄って帰るかですが、本社に持ち帰る託送品（この頃、非常に多い）が有れば、あちこち寄っている閑はありません。北回りの場合、大阪に午後三時半位に到着する便があるので、もし、それなら九月十一日に初雪を見たという富士山の新雪を眺めて帰国できるでしょう。また、何人かまとまって帰ることも予想されるので、一人の考えだけでは決められません。シンガポールは今最も行って見たい都市です。明るくきれいな新しい街と言うイメージがありますので……。

★帰国と言えば――

帰国してからの旅の事です。貴方はとても閑が取れそうにないとの事、平日に一週間も休暇を取るのは難しいとか、仕方がないですね。まあ、一、二泊で国内のどこかに行きましょう。前回と同様に、また一人旅も考えています。父母の考えがまとまれば、香港に私と三人で旅するのも良いでしょう。ただ、前便に記したように、パスポートを取る書類を一式、事前に揃えて置く必要が有りますので、行き先は後で決めるにしても、用意はするように説得しておいて下さい。もっとも、暖かい沖縄、あるいは思い切って寒い北海道に行くという案も有ります。これなら簡単に申し込めるでしょう。

今回は、女の長話はこうゆう風に連想していくから長いのか、と思いながら書きました。よく判りませんが……。

【付　記】

連休中、大勢が海外旅行に行った後、キャンプで暇を持て余して書き綴った長い手紙である。内容はどうでもよい話の連続で、妻も読み切るのに苦労したかもしれないが、リビア現地の事情がよく判った事と思う。

第五節　帰国休暇の予定・計画

24　帰国休暇の予定報告

昭和五十七年（一九八二）十月十五日

十月十一日夜十時頃書かれ、翌十二日午前に高槻から投函された手紙、リビア時間十月十四日夜九時半頃私の手元に届きました。時差八時間を考慮すると、投函後五十時間ほどで届いた事になり、今までの新記録です。タイミングが良ければこんなに早く着くのですね。もっとも、この頃は人の出入が激しく、四～五日に一回本社から人が来ますし、また、リビアから帰国しています。

十月十日は「体育の日」で日曜日のため、振替休日が十一日（月）になり、貴方の場合九日（土）を休みにしたため、三連休だったのですね。東亜本社も同様に休みだったようです。

滋賀県多賀に国鉄で行った由、宇治田原《うじたわら》を通って車で行けば近かったのに、てっきり車だったと思っていました。

台風十九号はやっぱり西を通ったものの、風が強かった様子、家が揺れるぐらいは仕方がないでしょう。もう今年の台風シーズンは終わりました。あとは日毎に日が短くなり、冬に入る事でしょう。金秋の候、休日の各名所、行楽地は賑わっているのでしょうね。

一方、宇治のご両親と十一月二、三日の二日間信州に行くとか、信州は何処ですか。信州へは名古屋まで新幹線、中央線は特急でだと推察致しますが、一泊・二泊では一寸遠く、乗り物に乗っている時間が長くなりそうですね。天気が良ければ良いのですが、まあ、楽しんで来て下さい。それから、母の海外旅行、先便にも記しましたが、パスポートを取る準備はして有りますか。行き先は「香港」という事にしたいと思いますので、旅行社の資料も集めておいて下さい。どうしても「イヤ」と言われたら、「沖縄」がいいでしょう。北海道・札幌はもう寒くて無理だと感じます。香港は、私も行った事は無い（空港に降りただけ）ので、三人で行っても面白いと思います。三泊四日ぐらいが適当でしょう。その間、また、宇治のお父さんかお母さんに留守をお願いする事になりますか？

尚、私の帰国は、当初アメリカ経由でニューヨーク一泊、サンフランシスコ一泊という計画をしていたのですが、アメリカのビザが無く、七十二時間以内に上記の予定でアメリカを通過するのは無理と業務課で言われ、諦めました。それで、南回りのシンガポール経由に変更し、申請中です。現在のところ、その予定は下記のとおりです。

十一月十四日（日）七時ミスラタ・キャンプ発、十四時四十分オリンピア航空ＯＡ—３１８便にてトリポリ空港発、十七時四十分アテネ着、空港で休憩（泊まらない）二十時三十五分オランダ航空ＫＬ—８１１便にてアテネ発

十一月十五日（月）十六時十分シンガポール着、市内のホテルへ
十一月十六日（火）終日、シンガポール市内見物
十一月十七日（水）十時シンガポール航空ＳＱ―6便にて、シンガポール発、十八時四十分大阪
伊丹空港着

これは確定ではありません。この計画で申請中という事です。

電話でもお話ししたように、帰国者が次々とあり、ミスラタとトリポリの間約二百五十キロには個人タクシー以外には交通機関が無く、空港での送り出しにも手間が掛かるため、先月から帰国者を毎週木曜日と日曜日発に限定し、さらに四つのコースを指定コースとしています。四つとは、木曜日発のロンドン経由、フランクフルト（ドイツ）経由、アムステルダム（オランダ）経由北極回りと日曜日発のパリ経由北回りの四コースで、これ以外は私的な旅行となり、ホテルの手配も無く、個人旅行となります。（もちろん、航空運賃は北回り分との差額が有れば、それだけ個人負担となります。）

北回りばかりでは面白くなく、ヨーロッパを見て歩くと言っても、十一月中旬では、もう日本の冬の感じで、ちょっと旅行気分にはなれません。それゆえ、上記の南回りを申請しました。運賃は殆ど変わらないはずです。

シンガポールは、今私の一番行って見たい所です。アジアでは日本に次いで二番目に国民所得も高く、小さな国の隅々までクリーン（清潔）を標語にしている新しい明るい国で活気に溢れている

筈です。赤道直下のこの街は、常夏で海も綺麗でしょう。また、ここから成田空港を経ずに、ビジネスクラスの座席のあるジャンボ機が大阪空港に直接乗り入れているのも魅力の一つです。まあ、急ぎの託送品が有ったり、他の人を引率するという役目が発生しない限り、このルートで一人旅（ホテルも自分で探す）が出来そうです。

ついては、シンガポールに関する旅行案内書を一冊送ってください。例えば、昭文社の海外シティガイド22「シンガポール」五百円？　などが良いでしょう。十一月十六日一日だけですが、あちこち見て歩きたいと思っていますので……

従って、お土産はこのシンガポールでという事になります。革製品等と言わず、具体的に記して下さい。財布、ポシェット、肩掛けバッグ、手提げバッグ、靴、定期入、コート、ベルトなどみんな革製品です。父母の希望も聞いて下さい。「何にも要らない」と言うのは判っていますが、シンガポールは鰐革製品、象牙細工、錫《すず》製品の外、民芸品が有ると思います。

プードル犬の話、以前から何回も成犬を貰って来ては懲りているのに、同じ事を繰り返しているのですね。犬の習性から見て、成犬で完全に馴れると言うのは無理です。子犬から飼っていれば、気が立っていても本当に噛み付くことはまあ無いと言ってもいいでしょう。床上に上げるから噛まれる機会が増えるのです。やはり、裏庭で鎖に繋いで飼うのが一番です。噛み傷は小さくても狂犬病の心配は大いにあります。気を付けるよう皆に言って下さい。

久保山課長の奥さんから送って来た五万円、私がローマで買って来てあげたテニスラケットの代金です。タクシー代や時間（注文品のため二回店に行った）の事も有りますので、貰って置いていいものです。次回帰国時に会社に返す金の一部（ロンドン事務所で出張旅費を前借した）にしますから保管して置いて下さい。

写真を一枚送ります。今年の八月十日頃、海岸より約五百㍍沖合の水深八㍍くらいの所に建設した海水取入れ孔用プラットフォームの竣工検査時の記念写真です。青いヘルメットの三人はコンサルタント（客先と東亜の間にあって工事全般を管理している会社）のインド人で、白いヘルメットの三人は客先のリビア人技術者です。左端の日本人は伊予松山の愛媛大学出身の森さんで、リビアに来るまではメキシコで、リビアの工事を終えて、今度は南米コロンビアへと、海外の海上工事を専門に世界中を廻っている海の男で、東亜の下請け・国土総合建設の人です。背景の地中海の青さが印象的でしょう。

【付記】

成犬のプードルを家の中で飼い、手を噛まれたとの便りがあり、コメントしている。結局、犬は手放したらしい。

申請している帰国の予定コースを詳しく伝えている。当初、記しているようにパリかロンドン経由でアメリカ・ニューヨークに行く計画をしていた。以前、パリの空港で見た「怪鳥」のようなコンコルド機の印象が強く、何とかニューヨークまで搭乗したいと考えていたが、周囲の経験者からニューヨークの一人旅は絶対に止めた方が良いと忠告され断念したものである。必ず盗難か事故に遭うと言うのであった。

（送った写真とは、先に示した写真―③である）

25　休暇帰国日決定と休暇時の計画

昭和五十七年（一九八二）十一月五日

ご両親と信州の旅、如何でしたか。もう信州は晩秋の候で、肌寒い感じだったと思いますが。当方の帰国は先便で伝えた通りの旅程で、現在再入国ビザも取れ、航空券の手配も完了しています。十月十五日・二十四日・二十八日に手紙、そして、土木学会誌と別便のシンガポール案内書、全て無事手元に届きました。外国郵便は一週間で着いています。

十一月十四日トリポリを発って帰国する者は五人ほど居り、それぞれロンドン、パリ、フランクフルト等、別々のルートで帰ります。シンガポール経由は私一人です。そして、十一月十七日大阪着ですから、他の人が途中一泊だけしかせず十一月十六日に日本に帰るため、荷物はその人達が持って帰ってくれることでしょう。

休暇は一ヵ月、神戸本社に出る日も含めてそれくらいでまたリビアに帰らないと、あと、久保山課長・鳥飼君・高橋君・松本君・羽生君・鈴木君と十二月には土建課だけで六人も帰国者が居るため、仕事が大変になります。課長と彼の留守中の仕事の引継ぎもあります。

帰国後の一ヵ月の予定表（私自身だけの考えによる）を同封しました。結構忙しい日程ですね。休日は出来るだけ自宅に居るという予定です。香港または沖縄は、父母と同行の旅行、蓼科は一人旅、湯布院・別府は貴方との旅を考えています。この日には限りませんが、父母に用意するよう言って置いてください。どちらも暖かい所ですから心配は要りません。それと、貴方も二泊三日で日曜日を挟めば休暇が取れるでしょう。この日に限らず都合の付く日を予め決めて置いてください。

今日は十一月五日（金）の休日、あと一週間ですから、仕事の切りを付ける事と引継ぎに忙しい毎日です。また、身の回りの整理もあり、あっと言う間に過ぎ、ホッとしたらアテネ行きの飛行機の中という事になるのでしょう。

十一月十七日は水曜日、十八時二十分に大阪空港到着の予定ですが、平日ですから、わざわざ休暇を取らなくてもいいですよ。車で家に帰るだけですから、税関検査を終えて外に出るのは十九時過ぎになるでしょう。

それとシンガポール経由は個人的な旅行となるため、会社の方からは電話連絡は無いかもしれません。万一予定に変更が有れば、旅の途中から電話で知らせます。

【付記】

漸く決まった二回目の帰国休暇、詳細な行程と、休暇期間中の予定表まで添付して送っている。帰途、予《かね》てより念願のシンガポールを訪ねる事にした。

まず、トリポリからギリシャのアテネにオリンポス航空で出て、そこにアムステルダムからくるKLMオランダ航空に搭乗しバンコク経由でシンガポールに行く予定であった。しかしアテネ空港でチョットした手違いがあった。初めてのアテネに夕刻到着し、乗り継ぎの経路を探している時、乗客がすべて居なくなった後、空港ビルの照明が消え暗くなった。慌てて空港の係員に聞いてみると、ここは国際空港には違いがないがローカル向けで、メインの空港ターミナルビルは空港の反対側にあり、ここから直接行けないので、一旦ギリシャに入国して、反対側にはタクシーで行くが良いとの事。ギリシャへの入国審査を済ませてタクシーでアテネ市内を走行、可なりの距離のある反対側に急いで行き、改めて出国審査を受けてオランダ航空に搭乗する事が出来た。所定の帰国ルートを外れて個人的に寄り道する場合は、当然、個人の責任で行動する事になり、事前の情報収集が足りなかった、と反省した。

第四章　二回目の休暇後の再赴任

会社に三日出社して、全三十三日間の休暇であったが、計画していた香港か沖縄への妻との旅行、今回も行けずに妻の実家に一日出向いた以外は、六日間城陽の自宅で大人しくしていた。あとは一人旅や友人との会合に予定していた通り過ごした。

第一節　工事は繁忙、そして年末年始

26　現場に戻って大忙し

昭和五十七年（一九八二）十二月二十日

予定通りフランクフルト（ドイツ）に一泊して、十二月十六日夜九時半（日本時間十二月十七日午前五時半）にミスラタ・キャンプまで戻ってきました。ご安心下さい。

振り返ってみれば、この一ヵ月の休暇もあっと言う間に過ぎた感じです。真にあっけないと言えば言えるかも知れません。但し、休暇前に考えていた事は殆ど全て実行でき満足しました。唯一つ貴方と共に旅行出来なかった事が心残りですが、スケジュールの繰合わせが巧くいかなかった為で、

写真—⑥　棒鋼線材圧延プラントの鉄骨工事中
（地上約 25m の検査路上で）

悪しからずご諒《りょう》承《しょう》下さい。この埋め合せは、また後ほどさせて貰います。

　当地に帰って四日目ですが、案の定種々の問題が山積しており、片っ端から片付けるのに大童《おおわらわ》です。休暇中に新人が五名増え、土建課だけで四十名以上居りますが、私の後、休暇帰国した久保山課長の留守番役として、それを統括する必要が有り、席の暖まる閑がありません。下請けの三星建設（韓国）の要員も、もう直ぐ一千名になり、連日広い現場で早朝から日の暮れるまで働いています。

　この四日間、天気は時雨《しぐ》れる時が多く、また、雨が降らなくても強風と砂あらしが有り、良い天気とは言えません。気温も思っていたより寒く、外に出る時は防寒衣が必要で、やはりリビアも冬です。毎日風呂に入って身体を温めてから寝ています。

そちらは年も押し詰まって何かと忙しい事でしょうが、間もなく新年、どうか良い年を迎えてください。

久保山課長に次いで設計の鳥飼君が帰国しますので、この手紙を託送します。

【付　記】

この頃の現場は、建設用の水・酸素・LPガスの設備工事は完工したが、他の四設備と共に、メインの棒鋼及び形鋼工場は、膨大な基礎コンクリート工事と併行して計一万八〇〇〇トンの工場建屋鉄骨工事の建て方も始まり、下請け・三星建設の労務者も一気に増えた時期であった。写真―⑥は、少し後の事になるが、棒鋼工場の鉄骨建屋の建方工事中の写真である。地上約二十五メートルの検査路の上で撮った。

当然、連日種々の多くの問題が発生し、即断即決で解決策・回答を客先やコンサルタントそして下請け三星に伝える必要があった。当時の私のメモでは、僅か二週間の間に三十九項目の問題が発生し、直ちに処理を行った内容を記録している。もちろん、処理内容は殆どの場合レターにまとめて客先・下請けそして本社に報告しなければならなかった。

27　年末年始の様子・管理職昇進

昭和五十八年（一九八三）一月十四日

穏やかな天気に恵まれた正月だったようですね。お便り昨夜（一月十三日）受取りました。随分あちこちに行かれた様子、車には充分注意して下さい。

当地、今年は昨年に比べて雨が多いようで小雨の降る寒い日が続いており、時々夜間にプレハブの屋根を叩く強い雨音で目が醒める時があります。風はそれほど強くないのですが、地中海は連日大荒れで、海水から真水を造る装置の運転も時折止めるほどです。

今日は金曜日で休日、朝から気持ちの良い晴天です。太陽さえ顔を出していれば日中の気温はかなり上がり、冬着が邪魔に感じられます。路端には小さな黄色の花を付けた草も見られ、春の気配すら身近に思われるのですが、やはり来月中頃までは冬期でぐずついた天気が多い事でしょう。

三十一日の日本との電話、希望者は三十分毎に一人を割当て、日本から掛かって来るのを待っていました。時間により交信状態はまちまちで、送受信とも明確に聞こえた人、こちらからの話は日本で聞こえても、日本からの話が全く聞こえず、ＫＤＤの交換手が「〇〇と言っておられます」と中継ぎ付きで会話した人、両方向共全くだめだった人と十二月三十一日と一月一日の二日間に約四十人の人が順に日本の家族からの連絡を受けました。

当地の年末年始は、電話でも話しましたが、十二月三十日は午前中で仕事を終わり、午後は全員で〝ミスラタ越冬隊〟と言う垂れ幕を掲げて、まず記念撮影をしました。いずれ写真を自宅の方に送るという事ですが、大勢でわっと撮ったため、後ろの方に立った私が写っているのかどうか。そのあと餅つき大会、昨年と異なり、日本から船で運んだ御影石製の臼と二本の杵で若い人が搗き続けて、出来た端から、あんころ・きなこ・おろし餅にし、さらにぜんざいに入れて皆でタップリ食べました。のり巻餅も有りました。

大晦日は、午前中ソフトボール大会、夜は八時から十一時過ぎまで「課対抗歌謡演芸大会」久保山次長が留守のため、課代表の挨拶と審査員を私がやりました。カラオケだけでなく、乏しい資材を使っての芝居やプロレスの実演等もあり、大笑いをしました。土建課は五課中四位と余り奮わなかった。

十二時からキャンプファイヤーとサイレンの吹鳴でしたが、もうその頃は部屋で寝転んで過ごしました。

元日は、朝六時から初日の出の参拝バスを用意しましたが、雨天（小雨）で駄目、九時から昨年と同様に琴「春の海」のテープ音が流れる食堂で、雑煮とおせち料理、昼は赤飯とぜんざい、午後はマージャン大会なれど参加せずで部屋で読書。二日は、もう平常通りで、午前七時半から出勤、工事開始という日程でした。

また、昨年と同様、一月七日（金）には、東亜から十名ほどがトリポリの日本大使公邸に行き、新年宴会に参加しました。約百二十名の日本人が集まり、日本料理と酒の立食パーティです。商社駐在員の奥さん連中も和服姿で顔を見せ、なかなか賑やかでした。輪田大使の後任の新大使は、六十歳近い小柄な物静かな人ですが、如何にも大使らしい人でした。近い内に東亜のミスラタキャンプにも来られるらしいです。東亜はリビア日本人会の副会長（会長は伊藤忠商事）になっており、色々世話が大変です。

　管理職になった正式辞令を一月二日所長より受取り、全員に発表されました。仕事そのものの内容は今までと大差は無いのですが、久保山次長が不在のため、土建課の仕事の責任は全て私にあり、年頭早々から連日大忙しです。

　毎朝四十人の土建課員を集めて朝礼、もう一千人以上に増えた下請業者との折衝・打合せ、施主やコンサルタントとの技術打合せ、事務所内の会議、土建課の会議、等などを全てやる必要があり、工事が本格化するのに伴い益々忙しくなって来ました。

　先日、土建課の有志による昇進祝いがキャンプ内のカラオケハウスで行われ、縦一・三メートル、横二メートルくらいの大きな壁掛け絨毯を戴きました。図柄は、モスクやその尖塔が立ち並ぶ噴水のある広場で、三人の娘と二人の侍女が遊んでいるアラビア風の物で、十色以上の糸で織り上げたなかなか見事な物です。今自室では壁には掛けず、床に敷いて使用しています。帰任の時、出来れば持って帰りたいと思っています。

　大使公邸に行った時も広間で見ましたが、ＮＨＫの紅白歌合戦は、一月九日着の新春・日本からの第一陣がそのビデオテープを持ち込み、キャンプの娯楽室でゆっくり見ました。今年は古い懐かしい歌が多かったようですね。ナツメロ調でした。紅組の勝ち、家ではまた採点表に記入しながら見ていたのですか。

そのあと引続いての「ゆく年くる年」で智恩院の大鐘による除夜の鐘も聞きました。ちょうど一ヵ月前の休暇中、京都の東山一帯を散歩した時、二十日後にはここで鐘が鳴らされ、大勢の人が詰め掛け賑やかな事だろうと想像しながら、誰一人いない智恩院の鐘の下に立ったことを思い出しました。

来週には本社から人事・労務担当の村田重役が現場に来られます。管理職として、工事状況の説明や現場の案内をする事になっており、また歓迎昼食会も催される事でしょう。

再来週には、また、本社土建課の井口次長や工務の新井課長など六〜七人の人が現場に来て、合同会議があります。久保山次長がいつ戻って来られるか、未だに連絡が有りませんが、一、二ヵ月はあっという間に過ぎそうです。

こんな調子で行けば、今のところ帰任を予定している八月は直ぐという感じですが、そのためには遅くとも五月には後の仕事を引継ぐ人が赴任して来る必要があり、ひょっとして、その後もしばらく残る事になるかも知れません。それも三月頃にははっきりするでしょう。

保育園の方、もうそろそろ退職するつもりはありませんか。四十歳を過ぎて、小さい子の世話をするのは、やはり大変でしょう。八月に帰任する事が明確になれば、三月末で区切りを付けて退職してはどうですか。もし私がさらに残る事が決まれば、自由にして下さい。父や母とも相談しておいて下さい。
今のところ、ここの電話は不通です。雨が降ると殆どいつも調子が良くありません。

【付　記】

リビアでの二回目の年末年始、前回と変わらぬ内容です。トリポリの日本大使公邸の新年宴会にも出席している。大晦日に日本から妻が電話をくれたが、その料金は五分間で八千円であった。

妻・常子も満四十歳を過ぎた。そろそろ保育園を辞めてはどうかと提言している。小さい子供相手の仕事では、どうしても腰を屈めて行う仕事が多く、若い人のようには働けないと考えた。しかし彼女は問題無いとして、その後も更に八年間勤務を続けた。

一月一日付で管理職・参事補に昇格した。本書の冒頭「はじめに」に記した事情により、管理職昇格直前と言われていた時に状況が一変し、その後全くその気配すら感じられなくなっていたのに、突然の昇格通知であった。リビアでの働きを上司が見て、何らかの手立てが有ったのかもしれないが、私としては、特に感慨も無かった。少なくとも私自身は自ら継続して管理職相当の仕事をこなして来たので、その後も業務上での仕事の差異は殆どなかった。しかし、周囲は黙っていなくて、外注者も含めた土建課一同が祝賀会を開催してくれて、リビア製の壁掛け絨毯（タペストリー）を戴いた。それはキャンプ自室でベッドの脇の床に敷いて愛用していた。帰国時に記念に持ち帰り、今も自宅の応接間の壁を飾っている。

第二節　赴任者の悲喜こもごも

28　カージャックに遭遇・赴任者それぞれの事情

昭和五十八年（一九八三）二月十一日

先の二便、一月三十日と二月十日に受け取りました。今日は金曜日（二月十一日）で休日です。日本でも建国記念日で休みですね。本当に早いもので、再赴任してから二ヵ月になります。私が先便で記した頃は寒く、雨の日が多かったのですが、二月に入って天気は安定し、殆ど雨も無く気持ちの良い快晴です。朝・夜はそれでも冷え込みますが、日中は二十五度以上に気温も上がり半袖姿で仕事をする人も出てきました。もう一度天気は崩れるでしょうが、あとは日に日に気温も上がり、六月下旬の最も暑い季節を迎える事でしょう。

日本は如何ですか。立春を過ぎたとは言えまだまだ寒さの厳しい日があると思います。

今月は月初めから工事上の大きな問題が持ち上がり、連日遅くまで残って検討しています。久保山次長は先月二十日にリビアに帰って来られ、また、大崎次長も二十三日頃より合同会議のために来られて居り、今月十七日の帰国まで一緒になって仕事をされています。

先月二十九日には、真っ昼間に現場からキャンプに帰る路上で、警官を装ったカージャックに遭い、私達の乗っていた乗用車（運転はイギリス人のミスター・ページ）を盗られるという事件が有りましたが、数日前、車は無事戻って来ました。英語の一切判らぬ（？）リビア人の男でしたが、〝ポリス、ポリス〟と話すだけで、全員車から降りろと手真似で指示し、そのままその車に乗って行きました。彼が乗っていたボロ車（私の方は二八〇〇CCの日産セドリック新車）を代わりにくれたのですが、あとでミスラタの警察で調べたところ、これも盗難車と判りました。もちろん身体に怪我のあるような事は無かったので安心下さい。外国人が増えて来たので、質の悪いリビア人が狙い出したようで、その男はもう四～五回同じ事をしていたようです。現場事務所やキャンプは金網のフェンスを廻らし、ガードマンに門の所で警護させていますから、不審な人間は一切入れないようになっています。

さて、管理職になっても、この現場に居る限り、毎日の仕事の内容は余り変わりません。従来もやってきた事ですが、久保山次長と分担して仕事を処理しています。書類にサインする事が増え、当然工事全般に対する責任は重くなりますので、却って忙しいくらいです。

この二月に、管理職昇進者の研修が神戸本社で行われると言う通知が来ましたが、仕事の関係で、今抜ける訳には行かず欠席としました。また、五月には芦屋の研修所に泊まり込み五泊六日の研修会があるのですが、これも欠席せざるを得ないでしょう。

土建工事の下請労務者数は、もう千名を超え本格的な工事になって来ました。ただ、施主の命令で、相変わらず休日と夜間（午後六時以降）の作業は禁止されているため、金曜日はこうしてキャンプで休養が出来ます。工程が多少遅れているため、機会がある毎に休日作業の許可申請をしています。

つい先日、二年前の一月末に赴任者第一号としてリビア入りをした筒山部長代理がその任期を終え、帰国されました。丁度その時、私も出張で初めてリビアに来たのですが、もう二年経ったという事です。

東亜の人間としては、私は五番目の赴任者で、任期がキッチリ二年間なら、あと五・五ヵ月で帰国と言う事になりますが、工事の遅れを考えると、後任者の方が、任期が長くなるようで、それで帰国するのはちょっと無理との見通しが有ります。まだはっきりとは判りませんが……

最近ミスラタ事務所の管理職者が集まってこの四月一日にある一般社員の昇格について打合せをしましたが、候補者を一人ずつ掲げては批評するものです。最後には同一資格昇格者に順番を付けると言う厳しいもので、日頃の人あたり、会議での発言、私生活の態度まで査定条件に入れていました。今後益々昇格条件は厳しくなり、本社人事も人数を絞って来ているようで、ここにも会社、いや世間の不況風が吹いている感じでした。

私の昇格後の給与は今月末にならないとわかりませんが、現地手当は約五万円増えていたようですね。給与も当然多くなると思いますが、残業代が一切付かない事、および近い内に鉄鋼不況の関係から、管理職の給与一部をカットする方針が出るようで、確実に手取り収入は以前よりダウンするものと思われます。私の所属しているエンジニアリング事業部の業績は決して悪くは無いのですが、全社的な業績が悪いため、均一に処置する考えで止むを得ないでしょう。まあ〝お金〟だけでこの仕事をしている訳では無いから……と納得しています。

保育所には継続して勤める事にしようかとの事、勿体無いという事も有るでしょうが、あなた自身の自信が有れば結構です。元気な証拠ですから。上記したように〝お金〟だけのためなら辞めるべきだと思います。

私の帰任で神戸本社に帰っても、このプロジェクトが終わる予定の八十五年の春までは、留守部隊の一人として、神戸本社のリビア建設部に籍を置き、現場工事の支援と跡片付（下請けとの清算など）の仕事に就くことと予想されます。たちまち住居が必要で、しばらくは会社の寮でも良いでしょうが、結局マンションを買うか、借りるかして、会社の近くから通勤し、今の京都・城陽の家はそのまま両親に住んで貰うのが一番良いのではないかと考えています。本格的な家に買い替えるという事も一つ有ると思いますが、東京にエンジニアリング事業部を移すという方針もまだ残っており、また、二年も経てば次の海外プロジェクトに赴任するという事も予想されるので、流動的に対処する必要があります。

これはある程度以上の大きな会社に勤めるサラリーマンの宿命みたいなものであり、他の人々を見ても､逆に私の場合は異動が少ない（出張は別にして）方になるでしょう。これも一案ですから、また両親とも相談しておいて下さい。

当事務所の副所長である清田次長は、先日二回目の休暇で帰国されましたが、聞くところによると、高校一年になる息子さんがグレて奥さんの手に余り、家庭内暴力で家の中はメチャクチャになっているとの事。やはり父親のいない家庭は問題だと人に話をされていたとの事。次長は海外部出身である事から見ても、海外出張が多く留守がちであったことは事実でしょうし、これからリビアで、まだ一年近くの勤務が残っています。

先に話した筒山さんにしても、本来ならあと半年は任期を延長して滞在して貰う必要があったのですが、奥さんが病気がちで、子供の教育も充分見られないと言う問題が一年ほど前から有り、二年の任期を待ちに待って帰国されたようです。

久保山次長にしても、この年末年始に帰ったら、奥さんから「貴方はリビアに行って人間が変わった」と言われ、何かと意見が合わず口論が絶えなかったと話しています。

みんなそれぞれ色々な問題を抱え、犠牲を払ってリビアに来ているのです。その点、貴方の場合は今のところ何の心配も要らない様子なので安心しています。根本は健康でしょう。宇治のご両親を含めて、家族が健康で毎日過ごしている故、問題が生じる隙がないのだと思います。それだけに、保育所勤めがきつくて健康維持に自信が持てなくなったら、さっと辞める方が良いと思ったのです。

もう労働組合員でなくなったので、積立金を返してくれるのでしょうが、僅か七万円ほどでしたか。組合員数が多いので、月々の積立金も少なかったのですが。

今、午後五時十分前（日本時間二月十二日午前零時五十分）部屋の窓からは、明るい日光を浴びて若い人がテニスをしています。六時半頃まで昼寝をし、七時半までに夕食を済ませ、娯楽室に二月三日ぐらいまでの新聞が届いているので、それを眺め、九時半頃に風呂に入り、十時から十一時まで読書をして寝ようと計画しています。

今日は洗濯もしたし、散髪もしたし、久し振りにゆっくりした休日になりそうです。

【付　記】

カージャックの件、妻への手紙ではサラリと書いているが、実際は暴漢からライフル銃を突き付けられ同乗者四人、成すすべなく両手を挙げて車から降りた。一つ間違えば大事《おおごと》になる身の危険を感じた事件であった。

第三節　読書三昧等

29　リビアのお花見・「本」読後感の披露

昭和五十八年（一九八三）三月七日

先月十八日（金）の夜、電話した時は留守で残念でした。二月も十日過ぎぐらいから、日本は寒波に見舞われ、各地で大雪が降り、京都も寒さが厳しくなっているものと思います。風呂から上がったら直ぐ寝る事です。

今、手元に三月四日付名古屋版の朝日新聞があります。昨日、帰国休暇からリビアに再赴任した人が土産に持って来てくれたものですが、これによりますと〝さくら開花予想前線〟という記事があり、京都は平年並みで三月三十一日から四月四日の間に桜が咲き始めるという事で、間もなく〝春は名のみの風の寒さや〟という昨今の季節はガラリト変わり、本格的な春が訪れますね。

当地リビアはもう一足先に春に成ったようです。先日、三月二日はリビア建国記念日で休日だったのですが、約七十名の日本人が二台のバスに分乗し、このキャンプから約三十五キロ離れたミスラ夕市郊外の丘陵地にあるミスター・モンタサ（東亜の現場事務所で働いているリビア人）の農場に行ってきました。そこは一昨年の秋にも行った事があり、二回目ですが、そこでキャンプより持参した大きな竈《かまど》四つに炭（どういう訳か、炭はミスラタで購入できます）火を熾《おこ》し、上に畳半畳ほど、厚さ九ミリの鉄板を乗せ、豪快なバーベキュー（牛肉・玉ねぎ・キャベツ・椎茸・ねぎ等）をして、昼食の野外パーティをやりました。あいにく当日はちょっと風が強かったのですが、天気に恵まれ愉快な半日を過ごすことが出来ました。農場の広さは幅四百メートル長さ千五百メートルもあり（約一八万坪）麦と種々の野菜を作っています。羊も三十～四十頭飼っており、エジプト人ばかり十～十二人の農夫を雇っていました。オリーブの実は、もう枝に鈴なりで、アーモンドも桜の花ソックリの薄紅色の花が散り残っていましたが、青い実が脹《ふく》らみつつありました。地面には野菊に似た真っ黄色の花が咲き乱れ、中に真紅の罌粟《けし》の花がちらほらと交ざり、青い牧草地で見事な配色でした。まさに、リビアの春です。今が一番良い季節のようです。

　一時、このキャンプでも風邪が大流行で、五～六人に一人が罹っていました。おそらく日本から来る人が悪いウイルスを運んで来たのでしょう。しかし、私は罹らず、もちろん例によって朝起き抜けのくしゃみの連発は治りませんが、健康そのものです。体重も六十三～六十四キロで不変、爪の白い爪半月も小指まで出ています。また、朝のラジオ体操（今では韓国人を除いても三五〇人ぐらいいます）の時も、誰よりも高く軽やかにジャンプすると有名で、食欲も一定です。煙草は一日に約三十本ぐらいになっていますが、ご心配なく。仕事の忙しさは益々ですが、仕事以外にする事が無い所ですから、結構その忙しさを楽しんでいる（ちょっと大げさかな？）ほどで、お陰で月日の経つのが一層早く感じられます。

とは言っても、一人で部屋にいる余暇はありますから、読書の方も若干ペースは落ちましたが進んでいます。現在、赴任以来第百三十一冊目にかかっています。

最近読了した本を紹介しましょう。
一、菜根譚　今井宇三郎訳注　岩波文庫
二、曲者時代　柴田錬三郎　集英社文庫
三、思い出トランプ　向田邦子　新潮社
四、人間失格・他　太宰　治　角川文庫
五、青春の証明　森村誠一　角川文庫
貴方が読んだ本が入っていますか。それぞれの本について簡単にその内容を記してみます。

一の「菜根譚」は今度の赴任時に日本から持参したものですが、中国明末の書で、洪自誠という人の著作ですが、「菜根」とは草や野菜の根で、菜根は堅くて筋が多いので、これをよく嚙み得る者は物事の真の味を味わい得る人物であると言う意味があるようです。また、貧乏の生活に十分耐えうる人物であってこそ初めて人生百般に生き抜ける事ができると言う意味もあるようです。そのため、内容は人の行動に対する〝戒め〟に満ちており、清言の書と言われるゆえんです。

二の「曲者時代」は軽い読み物ですが、禁門影人という主人公（桃園天皇の異母兄）が一浪人として十代将軍家治の治世に田沼意次の時代を作ったと言う話で、柴田錬三郎晩年の長編です。

三の「思い出トランプ」は直木賞受賞の三作「花の名前」「犬小屋」「かわうそ」他十編の短い小説を集めたもので、中年の主婦の目から見た世間一般、或いは人生の情景を鮮やかに表現しているものばかりです。もっとも、男の私から見れば、物足りない感じがします。貴方なら共感する事も多いでしょう。

四の「人間失格」は余りにも有名です。以前読んだのはもう随分前であり、いま一度読み直して全く新鮮な感がありました。自伝的な記述が多いのですが、しつこい程の描写はさすが名作の一つだと思います。ただ、この本には中国民話風の「竹青」という短編が収録してありますが、あまり世間に知られていないながら幻想的な内容は読み応えもあり、読後の余韻が長く続く感じの名作だと思います。内容は、昔中国の湖南のある村に魚容という書生が居り、両親がいないまま親戚一同から厄介者扱いされていた。伯父の薦めた下女と夫婦になったが巧く行かず、国家試験を受けて再出発を念じようと家出したが失敗、やむなく家に帰る途上、洞庭湖《どうていこ》畔の呉王廟で途方にくれている時、廟に巣くう烏の群を見て、自分も烏になりたいと思っていると、黒衣の男に話し掛けられ、いつの間にか烏になっていた。……とあり、最後には家に帰ると、醜く意地悪な筈の彼の妻は、彼が烏のとき知り合った「竹青」という烏の人間になった時と全く同じ容貌になっており、非常に心根もよく、夫婦円満に一百姓として暮らすことができた。という話です。ちょっとアレンジすれば、貴方が保育園で園児達に話す童話にもなりますね。それとも、もう先刻知っていましたか？

五の「青春の証明」は森村誠一「証明」三部作の一つ（他は人間の証明、野性の証明）ですが、戦中と戦後にわたって生きた三組の夫婦とその子夫婦の間の複雑な横の繋がりをそれぞれの夫婦に次々と焦点を移しながら書いたもので、もちろん殺人事件が絡んでいますが、真実を追求した三組の夫婦と虚偽で固めた若い夫婦のコントラストは、現代のシラケ時代を浮き彫りにしている感じがしました。

まあ、貴方も私が家にいて手のかかる分、自分の時間ができていると思いますので、読書に励んでいる事でしょう。閑を見て上記の本、手にして読んで見て下さい。

先日、管理職になって初めての給与明細を手にしましたが、役職手当を含めても、以前と比べ僅か千円ほどしか増えていません。それに超過勤務手当はゼロですから、大幅なダウンとなりました。きっと、そちらでも銀行振込額が少ないのに驚いた事でしょう。久保山次長や松山課長から〝減収を覚悟していた方が良いよ〟と言われていましたが、現実にそれがはっきりしてガッカリです。まあ、日本に帰れば、殆ど全員が残業手当（現実に残業しても不況のため）はゼロの筈ですから、諦めもつくでしょう。ただし、ボーナスは差があると思いますので、それを楽しみにするしかないでしょう。

さて、この春、貴方はどこかに旅する予定はありますか。宇治のご両親と共に計画はしていないのですか。城陽の父母はどういう計画を持っていますか。私は七月前半のラマダン明け連休をどこで過ごすか考えているところです。

【付　記】

管理職になって、給与は減額になったという逆転現象（一般職の主幹の方が残業代も加わって給与額は多い）を述べている。これは後日、全社的な問題となり、参事補救済措置が取沙汰された。五冊の本の読後感を詳細に記している。航空運賃を払って高額になっても新しい本を読みたいという現場からの要望を伝えるため、敢えて家内に伝えた。

30　日本人は贅沢か？

昭和五十八年（一九八三）三月二十五日

三月二十日（日）に受取った便りに依ると、この一ヵ月ばかりの間に、随分色んな事があったのですね。母上が伊勢・鳥羽に田舎の叔母さん達と出かけられたとの事。誰が旅の準備をしたのか判りませんが、鳥羽パークホテルを利用したのは成功でした。近鉄系の良いホテルですから、以前から言っているように、たまに旅行する時は良いホテルに泊まる事が肝要です。旅の印象の大きな部分を占め、後味が違います。「旅」は帰って来たら終わりではなく、何回も思い出しては話をして懐かしむものです。

蟹が土産だったとか、残念ながら当地ではお目にかかれません。それで、この前帰国した時、家でも何回か蟹すきや蟹酢を食べさせてくれましたね。蟹は無いのですが蛸は時々食卓に出ます。蒸したものをスライスしてわさびで食べるか、小芋と一緒に煮たものが出ます。仕事で付き合っているインド人に蛸を食べる習慣が有るかと訊いたら、インドでは全くないとの事、西海岸のボンベイ出身の彼は、夏海水浴をしていて、時々大きな蛸に吸い付かれて人が死亡する事があると言って、気味悪がっていました。

二月の初めに彼（ミスター・バルーチャ）は一ヵ月の休暇を終わってインドから帰ってきましたが、手工芸の小さな灰皿（黄銅製）を土産にくれました。この前日本でソニーのラジオを買って土産として彼に渡したお礼です。この灰皿は日本に持って帰ります。

宇治のご両親と明治村から浜名湖への旅、高速道路があるので二泊三日でもかなり遠くまで行けるのですね。明治村はゆっくりできなかったとか、まあ、ああ言う所は団体で行くには不適当な所です。それでも行って来て良かったでしょう。

舘山寺《かんざんじ》温泉はどうでした。泊まってはいませんが、一度行った事があります。景色の良い浜名湖畔にあり料理もよかったのではないですか。

三月二日の春一番は、大阪で最大風速三十一米《メートル》だったとか、台風並みですね。

中学校の校内暴力が各地で流行していますが、世界で最も経済的に恵まれた日本で生まれ育った今の中学生は、今までの日本人とはある面で全く違った風に育てられ（家庭的にも社会的にも）たため、精神構造が変わった人間になりつつあるのかも知れません。横浜や大阪で浮浪者が中学生の集団に暴力を振るわれ、殺された者もいるとか、ちょっと不気味な現象です。華子も中学生、女の子ですが、関係無しとは言えないでしょう。教育の問題です。

当地で付き合っているリビア人・インド人そして韓国人、みんな日本は金持国で個々の人間もリッチであるとの印象を強く持っています。例えば、現場で工具類（土建工事でなく、設備機械工事は東亜製鋼が直営で日本人監督の下にバングラ・インド・シンガポール人を使って工事しています）を簡単に捨てる。車（工事用車両）を沢山持っている。等の事から判断しています。従って、車など言えば幾らでも手に入るものと考えて、リビア人の監督（東亜製鋼から見てお客）は個人的に現場で使うからと言って、車を提供するよう堂々と要求してきており、もう既に五〜六台も名目上は貸与するという形で与えていますが、今後も増えそうです。私は今、ミスター・ページと久保山次長の三人で大型乗用車（セドリック二八〇〇CC）を使用し、キャンプから現場まで往復していますが、確かに他のヨーロッパの業者でも乗用車を現場で乗り廻している会社はほとんど無く、そう見られても仕方が無いのかも知れません。

不況に喘《あえ》ぐアメリカが日本に分相応の軍事力を持つように強く要求しており、また、ヨーロッパ諸国も日本の輸入制限撤廃を叫んでいますが、いつまでも日本だけが経済的に恵まれ繁栄した状態で、他国の酷い状態に知らぬ顔の半兵衛と決め込んでいる訳にはいかないでしょう。あれだけ優れた国と思われていた西独でも、失業者が急増し、大変な状況になっているようで、それと比べてさえ、フランスはもっと悪く、マルクの切下げを求めて紛糾しているようです。

石油輸出機構（ＯＰＥＣ）のロンドン会議は終り、単価を五ドル下げる事になりました。これは産油国の収入が激減することになり、当然購買力（輸入額）が低くなり、輸出額に命を掛けている日本も逆オイルショックで輸出の伸びが止まり、深刻な事態になります。もちろん、油の原価が下がった分は、それを加工した工業製品の単価を安くする要因にはなりますが、原料が五ドル程度下がっても、加工費と比べれば割合は少ないため、余り安く売る事はできません。私の関係しているプラント輸出の分野も客先が産油国中心ですから、商談が打切られたり、計画が先に延ばされたりしているものが増えています。鉄鋼の不況をこのプラント輸出でカバーしようとしている当社（東亜製鋼）も困難に直面しています。

当リビアでは、先頃人民会議が終わりましたが、そこで決められた事は、石油が売れないので安くせざるを得ない、収入（国として）が減るから、国民はより一層働き（八時間を十二時間労働とする）国を救え、外国人労働者に任せていた仕事をリビア人自身でやり、国外に追い出せ、輸入制限を厳しくして、国民全体は質素な生活を保てと言うような内容でした。

土建課に一人のイギリス人（ミスター・ページ）がいますが、彼の食事は三度とも同じで、野菜とトマト、チーズとバターにパン、それとコーヒーだけです。五十七歳という年齢にもよるのかも知れませんが、よくそれだけで我慢できるものと感心しています。それで充分かと尋ねると、これ以外に何が必要かと逆に訊いて来ます。イギリス人の食事は質素なものと以前より言われていますが、本当です。それに比べればこのキャンプでの日本人の食事は豪華なものです。また、貴方が家で食べているものと比べて下さい。やはり、日本人は色んな面で贅沢になっているのでしょう。（住宅だけは別かも知れませんが……）

ちょっと手紙を書く事を中断して夕食を済ませてきました。今夜の献立は次の通り、

一、ビフテキ　スパゲッティ&トマト添え
二、マッシュポテトと胡瓜・玉ねぎ・人参の和え物
三、豆腐とねぎの味噌汁
四、香の物（梅干・佃煮・塩辛・塩昆布・焼き海苔等好みの物）
五、白飯
六、オレンジ（好きなだけ）

最後のオレンジは、私はいつも持帰り部屋の冷蔵庫で冷やしてから食べます。

今日は休日で昼寝をする者が多く、食欲が少ないので、常の夕食と比べて、これでも一品足りません。なお、その他、冷えたオレンジジュース、麦茶、紅茶、コーヒーは何時でも好きな時に好きなだけ飲めます。

昨夜十一時〜十一時半（日本時間三月二十五日午前七時〜七時半）に初めてＮＨＫの海外放送〝ラジオ日本〟を自室のカセットラジオで受信できました。大相撲は十二日目を終わり、千代の富士が十二連勝、朝潮が十一勝一敗で大関確実と伝えていました。

七月には私の後任として松山課長が赴任する予定です。しばらく仕事の引継ぎをして、八月末か九月初めに帰国すると言うのが現在の計画です。二年プラス一ヵ月程ですが、工事が多少遅れているため、松山課長は再来年の七月になっても帰れないのではないかと考えられています。久保山次長は今年末まで滞在する事になるでしょう。奥さんは八月に帰るものと期待されているので、まだ、次長から家には伝えておられないと思いますので、貴方が奥さんと電話で話す事があっても黙っていて下さい。

しばらく本社で松山さんがやっている現場の支援業務を引継いでやる事になるでしょう。十二月中旬に来てもう三ヵ月半、残りは五ヵ月程です。直ぐそこですね。

貴方は四月からも高槻市勤務を続ける決心をしたとの事、また、神戸で単身赴任という事になりそうです。今度は管理職用の寮に入れるでしょうが、寮費は結構高いと聞いています。場合によっては阪神間のマンションを借りる（買う事はないと思いますが）事も一案でしょう。そうなれば週の内何日かはそのマンションに貴方が来て、そこから高槻に通うことも出来るでしょう。まあ、父母とも相談しておいて下さい。

神戸に通勤するのに適当な所で、土地七十坪程度、床面積一二〇平方㍍くらいの新築となると七千万円位はするようですね。五千万円程度の中古住宅という手もありますが、転宅については帰国してからゆっくり考えることにしましょう。必ずしもいつまでも神戸勤務とは決まっていません。東京本社に移る計画も依然としてあります。また、他のプロジェクトに出向という可能性もあります。

今日は久し振りにギブリ（熱砂風）が朝から吹いており、ムッとする暖かさの砂混じりの風が吹き止みません。部屋ではもうクーラーをつけています。四月一日からはサマータイムで一時間時計を進めることになり、日本との時差は七時間となります。また、昼休みも三十分長くし、二時間（十二時～十四時）となり、昼寝出来る時間が長くなるでしょう。

【付　記】

キャンプの食事内容を披露し、イギリス人の質素な食事内容と比べて、家内を安心させている。赴任期間満了後の「家」の心配を始めていて、家内の意識を高槻市の職から呼び覚まそうと考えた。同時に宇治の家内の実家にも、世界情勢をより詳しく述べた手紙を出している。

その手紙で、昨年のメキシコ・エルチチョン火山の大爆発による噴煙が地球を覆い、例年に比べて世界全体が低温気味とか、夏も短いだろうとか、リビアの天候が不順であるとかを述べている。また、リビアがスーダンの国境に兵を集めて、エジプトが騒ぎ、アメリカの地中海海軍がリビアのシドラ湾に接近して、一時は、このまま戦争かと日本の新聞は伝えているが、当地に居る者から見れば、何の変化もないと伝えて安心させている。

第四節　帰国予定日の模索

31　時計を送れ・帰国予定の推測

昭和五十八年（一九八三）三月三十日

㈠時計が止まって困っています。腕時計ですが、電池が切れたらしいのです。昨年三月初めに大久保のダイエーで新しいものに入れ替え、最低一年半は大丈夫と聞き、次に帰任するまではこのままでＯＫ！　と思っていたのですが、満一年と一ヵ月で電池切れになってしまいました。時計店で、シチズンクオーツ丸型男物腕時計用として、電池を一個購入して送って下さい。

㈡ただ、裏蓋が巧く開けられない場合もありますので、カシオかどこかのデジタル時計を購入して送って下さい。安いもので結構です。一万円位でアラーム付きのものが沢山あると思います。この前の休暇の時に買って置けば良かったですね。リビアには時計を売っている店はありません。今朝、目が醒めたら止まっていたのですが、たちまち困っています。

㈢ついでに、カメラの水銀電池も無くなり、自動シャッターが下りず、使いものになりません。

手数を掛けますが、〝コニカC35〟用のMR44（P）H-Cp（1・3V）と書いてあるナショナルの電池も一つ送って下さい。

なお、送るのは、出来るだけ小さい包みにし、神戸本社・リビア建設部土建課気付、ミスラタ建設事務所岩成一樹宛にすれば、業務課より色々言われなくて、土建課の藤永君あたりが他の荷物と一緒に送ってくれると思いますので、そのようにして下さい。

このところ当地は砂嵐が吹き続け、視界も悪く作業も困難な時があります。冬から夏への季節の変わり目なのでしょう。

曾我所長が一年振りで休暇帰国され、代わりに三月二十七日より本社の東田部長が来られています。部長の話から考えて、私が八月末には帰任することは確定的なようです。久保山次長は今年末までという事になりそうで、ちょっとしょげておられます。先便に記したとおり、奥さんにどう言って報告しようかと悩んでおられるようです。

愈々四月、もう直ぐです。私としてはちょっと物足りない気持ちもありますが、帰って日本から現場を支援する事にしましょう。

また、東田部長の話によると、四月から本社にプロジェクト本部と言う新しい組織ができ、そこではプロジェクトを受注活動の段階から追いかける者ばかりを集め、受注したらその中からプロジェクトマネージャーを選び、現場工事に従事させると言う構想です。そこまで話は無かったのですが、この本部を東京に置く事も考えているようです。

まあ、今のところ、そこまで考えるのは時期尚早ですし、私の場合神戸に留まって、このリビアプロジェクトの行く末を見守るという仕事があるため、いきなり東京というケースはないでしょう。突然決まっても驚かないようにと言うことです。

（この手紙は明日〈三月三十一日〉帰国する山九運輸の福島課長に託し、ローマで投函して貰います）

【付 記】

腕時計やその電池を送れと言っている。妻は調達に苦労して父が探してくれたらしいが、希望の物を送ってくれた。その時リビアに届いたカシオのデジタル腕時計は、その後も長く愛用し、使わなくなって久しくなるのに、電池さえ替えれば、三十五年経った現在も書斎の棚にあり、正確に動き続けている優れものである。その内、孫に遣ろうと思う。

32　不透明な帰国予定日

昭和五十八年（一九八三）四月二十二日

時計、昨日（四月二十一日）に到着しました。早速時間を調整して腕にはめています。このカシオのデジタル時計、ちょっと玩具みたいな感じがしますが、時計が無い不便さを約一ヵ月味わった後だけに有り難いものだと思います。父にも礼を言っておいて下さい。

カメラ用に送って貰った電池を入れ替えてみたのですが、針は動かず、多分カメラ本体が壊れてしまったのでしょう。もちろん自動を外せば使用できますから特に問題は有りません。やはり、時計もカメラも砂嵐の影響で微粉末の砂が内部に入り、故障の原因になったようです。

今日は朝から土建課のソフトボール大会で随分走り、またバットを握ったものですから未だ手の感覚がおかしく、字が思うように書けません。判読願います。

次の休日・四月二十九日（金）は先便にも記したように、大運動会をやります。玉入れと綱引きに出場予定ですが、天気を心配しています。今日のように晴天ではあるものの、風が強いと砂ぼこりが凄まじく、上から下まで全ての衣類を取替えなくてはならず、一式を先ほど洗濯したところです。

貴方からの先便、四月十五日に受領、宇治のお義父さんからの手紙も同封してあり、有り難く拝見しました。宜しくお伝え下さい。

城陽青谷も、けいはんな学研都市構想が煮詰まり、近鉄の新線、大阪地下鉄の田辺または新田辺乗り入れ計画、さらに京滋奈国際空港が、宇治田原から木津にかけての丘陵地に計画されるなど、急に脚光を浴びて来ましたね。案外今の所にじっとしているのが何かと賢明かも知れません。ただし、五〜十年先の事になるでしょうが……。

現在、曾我所長が帰国休暇中で、その間、本社より東田部長が来られているのですが、土建の人員計画につき打合せをし、工事完成までの人の配置を色々考えました。それによりますと、私は八月末、久保山次長は十二月末帰国という事にしていますが、一応その計画を神戸本社に部長が持ち帰り、本社の土建とも協議される事になっています。

ただ、先日、リビア重工業大臣（ミスター・モンタサ）と請負業者の会議がミスラタであり、当社からは高岡重役がわざわざリビアに来られ出席されました。それに関連した重役と管理職者の会議では、土建工事が遅れ気味であるため、当初の予定通り帰らず、もう少し頑張って欲しい旨の話があり、私の帰国も多少延ばすムードも出て来ています。はっきりすれば、また知らせます。

新聞にも出ていたように、不況のため、管理職は四月から三㌫賃金カットされます。

もう直ぐ連休ですね。長浜城に行く予定とか。父の風邪は治りましたか。まあ、電車で行くのが無難でしょう。

【付　記】

「土建工事の遅れ」とは先に記したように、石油の不況でもたらされたリビア経済の不況により、工事の出来高に応じた支払額を少なくするため、客先が意図的に現場の残業を減らし、検査を厳しくして頻繁に工事ストップ命令を発して、工事の進捗を妨害してきたため、生じた遅れである。

第五節　ミスラタ・オリンピック等

33　ミスラタ・オリンピック

昭和五十八年（一九八三）五月十三日

送って貰った時計は順調に動いています。日本では四月末に真夏日を迎える異常日が有ったそうですが、リビアでは逆に気温の低い日が続いており、二日ほど前には雷雨もありました。最近、日本から来た人は口々に、日本より涼しいと驚いており、曇りの日が多いようです。リビア人に言わせても本当に異常な天候のようです。本来なら、もうカンカン照りで雲一つ無い真っ青な空が見られる頃ですが、今日の金曜日、久し振りで朝から気持良く晴れています。洗濯物がよく乾くことでしょう。

日本の連休は天気も余り良くなく、遠出の人も飛び石連休のためか、少なかったと新聞で知りました。大阪では、駅ビルの「アクティ大阪」が大変な人気のようですね。今まで高層ビルと言うと、一般の人には関係ないホテルかオフィスビルばかりでしたから、誰でもが自由に出入りできる百貨店や食堂街と言うのが人を集めている原因でしょう。

しかし貴方、連休は結局どこにも行かずに過ごしたのですか。メーデーも日曜日と重なったのですが、参加はしなかったのですね。

当地では、天皇誕生日の四月二十九日にキャンプ内の大運動場に東亜関係の人間約五百人が集ってミスラタ・オリンピックをやりました。人種は十五ヵ国にものぼるのですが、チームとして、日本A・B、韓国、バングラデシュ、中国（台湾ではなく大陸の中国人です）、それにフィリピン・インドネシア・マレーシア・シンガポール・台湾人の混成チーム二つと計七チームに分かれて各種技を競い合いました。

招待客は、客先のリビア人、コンサルタントのインド人、ミスラタ病院看護婦のフィリピン人、医師のルーマニア人、下請三星建設の韓国人と多士済々で賑やかな事でした。各チームには夫々応援団がおり、応援合戦も見もので、日本は「風林火山」の幟《のぼり》を立て、信玄公が鎧姿で日の丸の扇を振るという具合で、韓国は約一五〇名の人間が軍隊式に並び、整然と手拍子を取るという具合で、東南アジア混成チームは二つ割りにしたドラム缶を叩いてガムラン音楽張りの音を出し、踊り狂うという具合で、中国は、巨漢が一人出てきて太極拳を披露したりしてという、まあ、本当に面白いものでした。

全選手入場、所長開会の挨拶、選手代表の宣誓と本式の開会式のあと、例によってラジオ体操が有りました。突然、場内アナウンスで私が呼ばれ、高い壇上で模範の体操をやらされ、全員がそれに習ってやると言うもので、予告なしだっただけに驚きました。何ヵ月か前に、山岡副本部長から、優秀な体操者として表彰され、〝シャーボ〟を貰ったのが、まだ尾を引いているようです。

競技には、玉入れと綱引きの二種目に出たので、個人の賞品はなしです。その他、自転車遅乗り競走（中国人が断然強い）マラソン一五〇〇㍍（韓国が一、二位）五〇㍍後走り競走、障害物競走、パン食い・リレー・タイヤ転がし・百足《むかで》競走等、仕事の合間に委員の人が、よく考え準備したものだと感心するほどで、中でも「宇宙遊泳」と言う競技は、五〇㍍程走って、そこにある野球のバットを地面に立て、その先に額をくっ付けて五回廻った後、また五〇㍍走って帰ると言うもので、五回早く廻る事によって目が回り、帰りの五〇㍍は、フラフラと左右に蛇行しながら走ったり、転んだりする者が多く、傑作でした。リビア人の客はこんな競技を見たり、自分も参加するのは全く初めての様子で、腹を抱えて笑ったりし、本当に楽しそうでした。国際親善にも役立った一日と思います。

土建課は現在三十四名、内七名のバングラデシュ人・大卒・土建技術者がおります。下請け・三星建設は約一三〇〇名、他に設備課、工務課、業務課を加えて総員千六百名を超えました。やはり、今は土建工事が中心で、毎日何か問題が起こり、直ちに解決すると言う日が続き、忙しい事です。

先日、本社から来られていた東田部長が帰られる直前、今後の体制につき話があり、結局、私は八月末頃帰国という事に決まったようです。代わりに七月末か八月初旬に、本社から松山課長が赴任します。久保山次長は来年三月頃まで延長して任務にあたる事になりそうです。次長は直ぐ奥さんに電話で知らせたらしいのですが、奥さんは「曾我所長や岩成さんが二年で帰るのに、何故貴方だけが二年半以上も居なければならないのか」と大変な剣幕だったようで、しばらく貴方から奥さんに電話を掛けない方が良いようですね。八月には次長も帰る予定と言っておられたのが大幅に延び、ガッカリされた様子です。その代わり、松山課長が出て来て私と業務引継ぎをしている間に、三回目の休暇（二十日間）を取られるでしょう。

来月（六月）になると、滞在が満二年になる人が続々と出てきて順次帰国します。その代わり新赴任者も次々と到着する事でしょう。工事完成まであと二年は確実にかかるものと思います。

帰国時に奥さんをヨーロッパに呼び、一緒に帰る人もボツボツ出ています。貴方もどうですか？例えばＪＡＬパックのヨーロッパツアーに参加し、ロンドンかパリで私がリビアから出て行って合流するというものです。土建課の高安君も来月七日に二回目の休暇で帰りますが、奥さんがツアーでスイス・ジュネーブに出て来られるので、以後、彼はそのツアーに参加、十日間程ヨーロッパを廻り、日本に帰る計画をしています。

貴方も保育園勤めを辞めていれば、問題なくヨーロッパまで出て来られたのに残念ですね。ただ、八月下旬の夏休みということで、何とか都合が付けられるのではないですか。一度考えて置いて下さい。

七月十日過ぎのラマダン明け休日の海外旅行は、まだプランが発表されていませんが、出来ればスペインまたはスイスに行きたいと考えています。

写真—⑦　ミスラタ・オリンピックで模範体操中

現在、体重は六十六キロ、何故か肥ってしまいました。

【付　記】

ミスラタ・オリンピック、国際色豊かな五百名余が集まり。それに様々な国の招待客も加えてまことに賑やかなお祭りであった。そこで披露した私の模範体操、関係者に永く語り継がれて、今や伝説になっている。しかし継続して運動する機会が少なく、現場での体重は最大で六十八キロまでになって仕舞った。キャンプの食事のカロリーが私には過多である事も原因の一つか？　写真—⑦は、大運動会の時、壇上で模範体操中の私である。左の人は曽我所長。

34　ゲストハウスを利用するのは？

昭和五十八年（一九八三）五月二十七日

貴方、老眼鏡を買ったとの事、年齢から見て普通じゃないですか。男女とも三十歳を過ぎると殆ど全ての器官が衰えてくるものです。私は事務所ではメガネを外したり掛けたりです。二重焦点レンズのメガネは持って来ていますが、少し重いのと、そのまま外に出るには紫外線が強くサングラスの役目が無いので、例の縁なしの古い物を愛用しています。近視ですから近くの物を見る時はメガネ無しです。この歳になれば近視の方が却って健眼の人より便利かも知れません。

会社から送った写真と言うのは、このキャンプ内にあるゲストハウス（お客さん用の寝室・食堂付きの一軒家）です。東亜本社から重役が来られたり、リビアの日本大使が来られた時、泊まって貰うためのものですが、その応接室が約二十畳の広さがあるので、赴任者や帰任者の歓送迎会を時々行います。大体夕食を済ませた後、コーヒーやジュースを飲み、特製のお菓子を食べながら談笑したり、カラオケを歌ったりする所で、一種の将校クラブといった趣のある家です。

その写真は、おそらく韓国・三星建設の秋《チュウ》課長が帰国するときに歓送会をやった時のものでしょう。彼は非常に優秀な男で、英語は勿論、アラビア語も出来、また、発音が非常に綺麗な日本語を話します。東亜に対する窓口的な仕事をしており、私とは業務上の英語の手紙をやり取りする論敵でもあります。キャンプ内の私の部屋に訪ねて来たりして、文藝春秋や文庫本を貸してやると、たちまち読んで内容につき意見を述べたりしていました。多分、韓国の元貴族の出身じゃないかと日本人同士で話をしていた男です。

実は、昨夜もこのゲストハウスで高井君の歓送会がありました。一昨年三月中旬に赴任して、この後二年二ヵ月の任期を終え、約一年前に現場に来た奥さんと一緒に日本に帰国します。奥さんの事は以前に便りで記しましたが、その間ずっと事務所で庶務的な仕事に就いていました。この秋には子供が出来るので、本当はもう少し居る予定が大事をとり早目に帰ることに成ったものです。もしここで子供を産むと、リビア国籍の子供となります。リビアは人口が少ないので、一人でも多くの子供を望んでいるからです。

彼は一旦帰国しますが、このミスラタから約一四〇キロ離れた内陸部・セダダで砕石工場を造る話が持ち上がって、東亜にも客先から見積りの要請が出ました。そのため、砕石プラントの専門技術者である彼が、またリビアに来る事は大いに予想されます。結婚して七年目、漸く子供が出来、よい土産が出来たと言って喜んで帰るようです。

休暇で帰国していた東亜の道上さん（日本に居る時も一緒に仕事をした事のある五十歳くらいの主幹・係長）が医師の診断で十二指腸潰瘍と判り、ドクターストップでリビアに再赴任することが今のところ無理と判断されました。鉄骨工事の責任者が急に不在となり、私は大忙しです。近く彼の代わりに青田課長が来られる事になっていますが、道上さんは以前にも同じ病気に罹った事があり、リビアで約半年過ごした間に、厳しい仕事からくるストレスで再発したようです。酒は無くても、いや、酒が無いから精神的なものが肉体を損なった例と言えましょう。

福井の叔母さん達二人が韓国旅行された由、一番近い外国、偏見は捨てて一度は行って見ることです。父母も行けば良いのに！　また、宇治のご両親にも勧めてみてはどうですか。食事は日本料理もあり何の不自由も無い筈です。貴方もお望みなら、帰国してから閑を見付けて行きましょう。ソウルだけでなく、釜山から慶州を通り、出来れば扶余と言う古都を通ってソウルに行くのが良いでしょう。大阪からは近くて北海道より安い旅行です。

愈々六月、予定通りであれば、あと三ヵ月で任期は完了です。工事は現在、まさに最盛期で、日夜（時々夜十一時頃まで現場事務所に居る）目の廻るような忙しさです。このまま帰って良いものかどうか気になるのですが、後任者も来る事であり、割り切って帰るしか無いでしょう。もっとも、あと三ヵ月、出来るだけ問題を解決して後任者に引継ぐべきでしょうから、精一杯努力するのみです。久保山次長はもう観念されたのか、長期戦に備えて案外落着いて居られます。

リビアの今年の気候はちょっとおかしく、例年には無い雲の多い日が見られ、朝夕は寒い程涼しい毎日です。日中晴れた日でも日陰はひんやりしており、気持ちの良い天気です。もう、そろそろ日本は蒸し暑い日があり、間もなく梅雨に入ると思いますが、最近日本から来た人は口を揃えて、リビアは気持ちの良い気候だと言っています。

同封した写真（前出）は四月二十九日の大運動会の時、壇上で模範体操をしているところです。

左に写っているのは曾我所長です。

【付 記】

新しいプロジェクトとは、ミスラタから車で約二時間東に行った内陸部に作るセダダの石灰石・砕石プラントであった。調査に行った現地は周囲に全く何も無い砂漠（土漠）の中であった。この後、私自身もこの見積作業に参画する事になる。

第六節　ヨーロッパへの休暇旅行・出張

35　スイスへの旅行計画

昭和五十八年（一九八三）六月二十一日

日本は空梅雨と思われていたのに、雨が降ったようでやれやれですね。やはり、降るべき時に雨が無いのは、必ず何かで悪影響が出るでしょう。また、早や貴方のボーナスが出たとの事、沢山貰えたそうで、大いに助かります。夏に何処かに行く旅行費を取って、宇治のご両親と行ってくると良いのですが、計画はありますか？　お中元の送り先は暮と同じで結構ですし、品物は任せます。まあ、私のボーナスが出た直後に送るのが良いと思います。今度のボーナスは管理職として初めてのもので、支給額は増えると思いますが、不況による三パーセントカットがあるため、余り大幅な増額は期待出来ないでしょう。いつもクラスが上がる度に、何か会社・社会の都合でカットや旅費のグリーン車使用禁止等の取り止めがあり、これはバッドタイミングですね。

さて、現在はラマダン中ですが、このラマダン明けの連休にスイス旅行をする事にし、申込みました。全員で十四名が行く予定です。久保山次長は近くのマルタ島にされました。他にローマとマドリッド（スペイン）がありますが、マドリッドはパック旅行ではなく個人旅行で、会社は航空券の手配のみしかしてくれず、丁度スペインは夏祭りで、もうマドリッドのホテルは予約できないだろうと言うので止めにしました。それでも八名が敢えて行くことにしています。スイス旅行の行程は次の通りです。

七月十一日、トリポリ発スイス航空でチューリッヒ着、空港からバスで市内を通り抜けて約七十キロでルッツェルンと言う湖畔の町に行き、そこのホテルに泊まる。

七月十二日、ルッツェルンからバスでアルプスの中心地インターラーケンに行き、そこからロイターブルンネンと言うユングフラウ山（若き花嫁）の麓まで行き、登山電車に乗り換え、ユングフラウヨッホまで登る。しばし見物の後、グリンデルワルト村に行き、泊まる。グリンデルワルトは浦松佐美太郎の小説「たった一人の山」にも出てくる村で、アイガー山、ウェッターホルン山（マッターホルンではない）への登山の根拠地です。村の上に覆い被さるようにして、高さ一八〇〇メートル、傾斜四十五度のアイガー北壁が聳えており、きっと凄い景色でしょう。浦松さんは約五十年前に世界で初めてウェッターホルンの頂上まで登った人です。

七月十三日、グリンデルワルトからインターラーケンを通り、スイスの首都・ベルンに入り、市内をざっと見てチューリッヒに行く。そして市内観光をしてホテルで泊まる。

七月十四日、ホテル発空港へ、そしてトリポリへ

というコースです。正味は二日間とも言える短い旅行ですが、リビアを片時でも離れられるのは

良い事です。トリポリからチューリッヒまでは二時間四十分ぐらいの飛行です。

何か良い土産が有れば良いのですが、絵葉書は送ります。なお、レマン湖はスイスの西端、ジュネーブ市の近くにあり、今回のコースには入っていませんが、約三五〇キロのバス旅行中、右に左に数々の美しい湖が見られる事でしょう。

また、マッターホルンはユングフラウより約七十キロ南方のスイスとイタリア国境にある山で、全く山脈が異なるため目にする事は出来ないでしょう。目の前にスイスの地図を広げているのですが、一口にスイスと言ってもその広いのに驚いています。その上、ドイツ語圏、フランス語圏、イタリア語圏と分かれており、チューリッヒを含む一帯はドイツ語圏に属します。下手な英語が地元の人に通じるかどうか？

現在、本社土建課より井口次長が出張で来られています。今後の行程や組織について打合せをしているのですが、後任の松山課長は遅くても八月六日にリビアに入り、赴任するとの事で、引継ぎ期間を多少見て、私は帰国する予定です。帰国後はやはりリビア建設部に籍をおき、現場工事の支援を本社ですると言うのが私の次の役目に成りそうです。

三星建設の一三〇〇名を含み、全東亜の人員数は一八〇〇名を超えました。仕事はこれから年末に掛けて最も忙しい時期で、連日、夜は八時過ぎまで現場事務所で仕事をしています。サマータイムの関係により、夜八時ごろ日が沈むので、いつも夕日を見ながらキャンプに帰っています。

天気は、さすがに暑くなり、三十六〜三十七度の日が続いていますが、昨日は全く珍しいことに激しい雷雨があり、天候異変を感じさせました。

体重は、十日程前大風邪を引き、一日出勤せずに寝ていた時は約二キロ減りましたが、今は、またまた元に戻り、六十六キロをキープしています。もう減量は無理かも知れません。

つい先日、ミスラタ漁港より、取れたてのマグロ（約六十キロの物）が入荷し、キャンプの日本人全員で二回にわたってトロ（刺身）を食べました。まさしく日本の味という趣で、美味しかったです。まるまる一尾約一〇万円したそうですが、日本と比べたら驚くほど安いですね。

【付　記】

昨年と同様、ラマダン明けの休暇旅行に出かけた。詳し過ぎるほど旅程を示しているので、特に付け加えることはない。

（絵葉書）スイスより①

昭和五十八年（一九八三）七月十一日

今、スイス・チューリッヒから約五十キロ離れた街、ルッツェルンに来ています。この絵葉書（写

写真―⑧　ルッツェルンの風景（カペル橋が見える）（スイス）

真―⑧）にある通りアルプスの一部を望むルッツェルン湖の畔にあり、静かな落ち着いた街です。ガイドの話によると長雨が去った後、急に晴天が続いているとの事で、内外の観光客が押し寄せ賑やかになっていますが、本来の街の姿はきっと静かなものでしょう。湖上には遊覧船が走り、野生の白鳥や野鴨の姿が多く見られ、勿論、水泳をしている人も沢山います。初めてスイスに来て道路が非常に整備されているのに驚きました。

今朝四時に起床、五時ミスラタ発のバスでトリポリへ、十一時三十六分発のフライトでチューリッヒに来たのですが、途中、機上からマルタ島、現在噴火中で盛んに噴煙を上げているシシリー島のエトナ山を見ながら、ベスビオ火山、ローマそしてフィレンツェの街を眼下に見ての快適な空の旅でした。現在は夜の九時半、まだ空は明るいです。

明日はユングフラウに行きます。

【付　記】

ラマダン明けの休暇、今回は十六名でスイスに行った。今さらながら、北アフリカとヨーロッパの間は、本当に近いと感じた。

（絵葉書）スイスより②

昭和五十八年（一九八三）七月十二日

今朝は八時にルッツェルンを出発し、インターラーケンからユングフラウヨッホまで登り、グリンデルワルトの街まで降りてホテルに入りました。インターラーケンのちょっと上、標高七九六㍍のラウターブルネンまでバスで行き、そこから登山電車で標高二〇六一㍍のクライネシャイデックまで登り、更に電車を乗換えて、アイガー北壁の岩の中及び氷の海という氷河の見える所を通り、道中殆どトンネルでユングフラウ山の肩（ヨッホ）標高三四五四㍍の地点まで行きました。空気が

写真―⑨　ユングフラウ山（スイス）

薄いため絶対走ってはならないという事でしたが、仲間の一人及び他の観光客も酸素不足で気分が悪くなっている人が沢山居ました。

本日は全くの快晴で、ガイドですらこんな良い天気は滅多に無かったという幸運に恵まれてアルプスを満喫しました。明日はベルンからチューリッヒに行きます。

写真―⑨は朝日に輝くユングフラウで、この山頂近くに行きました。

【付記】

書いていないが、アイガー北壁を正面に望むホテルのテラスでビールを飲みながら同僚と寛ぎ、また、カウベルを鳴らして草を食む牧草地の牛を眼下にして、長い、本当に長いリフトで遊覧した事も印象に残っている。（次便で詳しく述べている）

36　スイス旅行の詳細報告

昭和五十八年（一九八三）七月十五日

スイスからの絵葉書届きましたか。昨夜八時頃、このミスラタ・キャンプに帰ってきました。マルタ島組が九名、ローマ組が九名、スイス組が十六名でした。全部で三十四名。

七月十二日の夜、グリンデルワルトのホテルから便りしたように、ホテルのテラスでビールを飲みながら、目の前に覆い被さるように聳えているアイガー絶壁の夕景を見上げていた時の気分は最高でした。結局夜十時半頃まで、夜空に頂上が見えていました。高さ三九七〇㍍。

七月十三日の朝、八時の朝食もそこそこにグリンデルワルトからフィルストと言う所まで二人用のリフトに乗り、佐藤さんと言う塗装工の人と行って来ました。グリンデルワルトが標高一〇三四㍍、フィルストが二一六八㍍あり、標高差千百㍍余りを約三十分間のリフトで結んでいます。冬にはスキーのゲレンデになる所で、夏の今は牧場です。カウベル（牛鈴）を首にぶら下げた乳牛（黄褐色）がカランコロンと鈴を鳴らして草を食んでいました。フィルストの頂上からの眺めも、また格別で、正面にウェッターホルン（お天気岳）、右にシュレックホルン、アイガー、メンヒそしてユングフラウ、ブライトホルンと四千㍍級のアルプスの峰々が一目で見渡せ、天気が良かったので本当に贅沢な景色でした。

頂上で日本人の老夫婦に会いました。西宮からツアーの団体で来られたらしいのですが、団体の今日の予定はユングフラウヨッホに行く事になっており、昨年来た時に行ったので二人は別行動でフィルストに来たとの事。主人はカメラマニアのようで、大きなカメラを三脚に据えて山の写真撮影に夢中、奥さんが当方を日本人と見て、話し掛けて来ました。一般的に若い日本人は、旅の途中で会って声をかけても知らぬ顔でそっぽを向く人が多い（特に若い女性）ようですが、中年以上の人は気さくに挨拶を返して来ます。それにしても、何処に行っても日本人が来ています。いかに裕福になったかという事でしょう。みやげ物屋には日本語で書いた写真集やパンフレットがあり、土産品には日本語の解説が付いています。チューリッヒからリビア・トリポリに帰る機中で、私の隣に坐ったスイス人（二十六歳の電気技師でトリポリの近くで働いているが、休暇でスイスの家に帰り、またリビアに戻る途中）は、〝生まれて二十六年間スイスに居るが、ユングフラウヨッホに登山電車で行った事はない〟と言っていたのは印象的でした。日本では有名なこの観光地も地元スイス人にはそれほど興味の有る所ではないのかも知れません。スイスでは、男は二十歳になると一年に四ヵ月間兵役の義務が有り、その後は毎年三週間軍隊に入るのですが、その軍事訓練そのものをユングフラウの山中で受けた経験があると言っていました。また、この登山電車の運賃が往復一二〇スイスフラン（日本円で約一万五〇〇〇円）と話すと、目を丸くして驚いていたのを見ても、これらの施設が外国人観光客を目当てに造られ、外貨収入の源になっているのを感じさせられた次第です。

七月十三日十時ホテルを出発、ツバイルッツシソネン（ドイツ語はややこしい）を通り、インターラーケンに出て、高速道路でベルンに入り、一時間ほど市内観光し、チューリッヒに行き、チューリッヒ湖の湖畔に近いホテルで一泊しました。チューリッヒは人口七〇万人ぐらいのスイス第一の都市で、新旧の都市美を備えた街です。湖にはルッツェルン湖と同様、無数の白鳥やカモが群れ、水上には遊覧船やヨット・ボートが浮かんでおり、保養地のような感じもしますが、市内には路面電車が縦横に走り、近代的なオフィス街もある経済活動の活発な街でもあります。革製品のバリーの本店やオメガ時計の本店もこの街にあり、日本人客で賑わっているようです。

　結局、土産物としては、標高一二七四㍍の高原の町・ベンゲンで、木彫りの小さな人形（この値段の高いのにはびっくりします。日本に帰ってから知らせます）を一つと牛の首に付けるベルの玩具、アルプスカモシカの足付き栓抜きくらいで、他は何も買っていません。まあ、思い出話の土産はたくさんあります。貴方の欲しい物があれば、今後、出来るだけ早い時機に、改めて旅行に来た時に買って下さい。

　それから、チューリッヒ湖では一人で水泳もしました。街の近くにある湖なのに、水は透き通って非常に澄んでいます。湖畔に張り出した桟橋形式のプールが幾つもあり、一・五フラン（二〇〇円）の入場料で誰でも入れます。私の場合、中で個室の更衣室を借りたのですが、これが二・五フラン（三〇〇円）でした。プールと言っても、湖そのもので泳ぐのです。桟橋から沖合い五十㍍くらいの所に十㍍四方の浮き島が幾つもあり、その上で日光浴を楽しむのです。水中で泳いでいる人は四分の一か五分の一位で、あとは皆裸になって日光浴をしています。ここでは女性はトップレスで恥ずかしげもなく人目に曝しています。ガイドの話によると、二〜三年前、トップレスで人前に出る事が法律で許可になったそうで、老いも若きも殆どトップレスでした。

何しろ、水は氷河の溶けた水、水温が意外に低いのにちょっと気後れしましたが、久し振りに気持ちよく泳ぎました。

僅か三泊四日の短い旅でしたが、絶好の天気に恵まれ、スイスの夏を満喫出来ました。

ソーセージや生ハムを食べましたが、日本で食べる物と全くと言ってもよいほど味が違います。もちろん美味しいですよ。

さて、ラマダン休みも今日で終わり、明日からまた仕事です。来月末には帰国のつもりでしたが、本社の人間との合同会議が、九月初めに曾我所長の後任になる東田部長を交えてやる事が予想されており、どうしてもその会議を終えてから帰ることになりそうです。日付ははっきりしていません。久保山次長は八月に三週間ぐらい休暇で帰国され、その後来年三月末まで残られるでしょう。松山課長が私の後任で八月六日に日本発で赴任される事も今のところ変わっていません。近い内に曾我所長と相談し、私の帰国時期を明確にする積りです。

人事上は八月一日付で神戸本社勤務になることは確実で、そのあとリビアに居るのは出張扱いで滞在するという格好です。とうとう二年間が過ぎました。振り返って見れば短いものです。貴方はどう感じていますか？

祇園祭も終わり、日本も本格的な夏になって来ている事でしょう。

【付　記】

八月一日付で神戸本社勤務の異動が確定していたにも拘わらず、七月十五日のこの時点でも、帰国の予定日は決まっていなかった。

37　赴任終了・地中海で海水浴

昭和五十八年（一九八三）八月六日

私の人事異動、七月十六日付で正式に社報に載り、松山課長との交替が決まりました。本社での所属は、エンジニアリング事業部技術本部土建技術部参事補が本籍で、兼務としてプロジェクト本部リビア建設部土建課参事補という事です。本社の土建課長は井口次長で、井口さんの下に配属されます。今後は下請け三星建設との〝金〟の問題を中心に本社で処理して行くことになります。八月一日より出張扱いと言うのは嘘で、ミスラタ事務所に在籍している以上〝赴任〟という形のままです。給与・手当は出張扱いの方が少ないと言う話も有りますが、余り変わりません。

九月初旬に帰国を予定していますが、余すところあと一ヵ月になり、またぞろ色々な問題が出ており、出張で来ている上西課長と共に久保山次長とも相談し、連日大童で処理しています。明日（八月七日）には後任の松山課長が赴任で到着しますが、直ぐ八月十一日から三週間は久保山次長が帰国休暇で留守になるため、私が中心になって、その間の問題に当たる必要があり、この点からも、まだまだ帰国日を固定（決定）出来ないでいます。

一方、本工事には直接関係の無い道路工事（ミスラタより約一五〇キロ離れた所、岩山の中）の話が客先から持ち込まれて来ており、チェコの業者（ミスラタで別の工事をやっている）に見積りを依頼したところ、それが先日提出され、内容チェックや質問状の出状、また、近い内（八月下旬か？）には、チェコ・プラハにあるその会社の本社に私が出かけ、正式見積金額に対する細かい打合せを神戸本社から出てくる者と一緒に行う予定も有ります。そのため、先日、チェコ行きのビザは取りました。あれやこれやで大忙しです。（もう、口癖になりましたね！）

そんな中で、この前の休日、近くの海岸に泳ぎに行きました。大型バス定員の四十人ぐらいが参加して、二時間ほど海辺で過ごしたのですが、二年間リビアにいて初めて地中海で泳ぎました。塩分が非常に濃いためか、浮身が面白いように出来（私だけかも知れませんが）水面に顔をだして五〜六分、四股を全く動かさずに浮いたところ、みんなが注目し、一緒に行ったシンガポール人の運転手は〝上手だ上手だ〟と手を叩いて感心したりしていました。水は綺麗に澄んでおり、波がちょっと大きかったのですが、気持ち良く泳げました。

帰国ルートは、これから業務課に頼んで調べて貰いますが、トリポリ↓マドリッド（スペイン）↓ニューヨーク↓ワシントン↓ニューヨークと廻り、直行便で大阪に帰る七泊八日という案を一応作っています。出来れば、マドリッドからリスボン（ポルトガル）に行きたいのですが、一人旅で荷物も多そうなので思案しています。

【付　記】

七月十六日付で赴任完了し帰国する直前に別件で、突然、私のチェコスロバキア（現チェコ）行きが浮上してきた。

地中海での海水浴、見渡しても全く人家の無い砂浜であった。海水は飽くまで透明で綺麗であった。ただ、二千～三千トン級の貨物船が、いつの日かの事故で浜に打上げられて放置されており、約三十度に傾いた甲板が、水に浸かって冷えた体を暖める格好の日向ぼっこ場所で、そこで甲羅干しをしたり、そこから飛び込んだりして遊べた。

さて、帰国ルートも、やはりニューヨーク経由を諦められずに申請したが、今回も叶わなかった。

（絵葉書）チェコスロバキア・プラハより

昭和五十八年（一九八三）八月二十三日

写真―⑩　プラハ・バーツラフ広場（チェコスロバキア）

こんにちは！　元気ですか？　台風はどうでしたか？　昨日（八月二十二日）スイスのチューリッヒで飛行機を乗り継いでプラハ（チェコスロバキア）に来ました。二百年振りの暑さとかで、涼しい落ち着いたプラハの街を予想してきたのですが、半年前に出来た二十五階建ての近代的な大ホテルですら冷房設備が無いため、窓を開けて寝る始末です。

この写真（写真―⑩）はプラハの目抜き通りバーツラフ広場ですが、この広場に面した公団の事務所で打合せをしています。毎晩、宴会で歓迎責めです。

明後日（八月二十五日）また、別の仕事でロンドンに向かいます。帰国のためのリビア出発は九月八日の予定でスケジュールを組んでいます。では、また、さようなら

【付記】

プラハで本社から来た清家次長他三名（内一名は本社土建課の担当・田中君）の一行と落合った。チェコのStrojexportという日本の道路公団のような会社に、東亜から依頼していたリビア政府より発注予定の道路建設プロジェクトの工事費見積書を入手していた。その内容を両社で検討し打合せする事が目的で、現場を知る者として私がリビアから出向した。

チェコは当時、まだまだ社会主義の国、滞在期間中、私服の警察官と思しき数名が、我々一行に終始密着して、何らかの警護を行っていた。とは言ってもプラハ城やカレル橋など観光地を案内してくれ、スメタナ劇場での接待もしてくれた。

（絵葉書）イギリス・ロンドンより

昭和五十八年（一九八三）八月二十七日

こんにちは！　八月二十五日にオランダ・アムステルダム経由でプラハよりロンドンに来ました。ハイドパークの北側にあるこのロイヤル・ランカスターホテル（写真—⑪）に泊まっています。ロンドンも暑くて、昼間上着を着て街中を歩けません。

久し振りに日本料理をタップリ味わいました。昨夜はピカデリー・サーカス近くの中華料理店でロンドン支店のスタッフ達十一名と共に過ごしました。

夏休みも終わり近いですが、街で日本人を多く見かけます。老人の団体もいます。仕事が終り明日（八月二十八日）再びトリポリに向います。

帰国は九月八日リビア発、日本着九月十四日の夕方と予定していますが、コースが決まり次第また連絡します。

写真―⑪　ロンドンのロイヤル・ランカスター・ホテル（イギリス）

【付　記】

この絵葉書がリビア赴任中、家族に宛てた最後の手紙であった。帰国ルートはニューヨーク経由とならず、アムステルダム⬇バンコク⬇香港⬇伊丹となり、九月十四日に日本に帰任した。

リビアの赴任期間は、休暇を含んで昭和五十六年七月二十七日より昭和五十八年九月十四日までの二年一ヵ月余となった。その前に二回にわたる出張がそれぞれ一ヵ月余り有ったので、合計すると二年三ヵ月余りとなる。

第五章　リビアとシンガポールへ出張

本社勤務になってもリビアのプロジェクト担当は変わらず。ミスラタ製鉄プラントの後方支援業務だけでなく、客先から示された別のプロジェクトの見積業務も担当していた。まず、そのためにリビア現地に出張する事になった。

38　リビア・ミスラタより（出張）

昭和五十九年（一九八四）三月十三日

三月五日、本社に投函の手紙、八日に受取りました。日本を離れて、早や今日で二十日間程になります。当初の目的の仕事は二月末で終り、今回の出張で来た他の五人は三月一日発で日本に帰り、私だけが残る事になりました。

仕事は、本工事以外の二つの案件について、現場にいて客先と国内のグループの仲立ちをすること、および三月一日発で一時休暇帰国した土建課・松山課長の留守をする事です。これも出発前に予想されていた事ですが、やはり、その通りになりました。

五ヵ月振りに訪れたリビア・ミスラタの現場、人数も増え最盛期に入っています。日本人約一六〇名、東亜直雇の外国人約三〇〇名、それに土建下請の韓国人が約一七五〇名、計約二二〇〇

人が東亜の仕事に従事しています。（内、土建課員は三十二名）

私は、この現場では一時的な訪問者という事になっており、客先やコンサルタントと直接仕事の折衝は出来ませんが、下請や客先への英文レターの作成、現場視察、社内会議、図面書類のチェック・サイン等、赴任時と変わらぬ忙しい毎日です。

毎朝五時四十五分に起床、七時より事務所で仕事を開始、十二時から十三時半まで昼休みでキャンプに帰り、夕方は、七時のバスでまたキャンプに帰るという毎日です。定時は夕方四時半ですが、事務所の人間は殆ど七時まで頑張って働いています。最初は朝の早いのに戸惑いましたが、もう以前のように慣れました。

久保山次長は三月二十九日に任務終了で帰国が決まり、先日も久本副所長の帰国とあわせて、東亜としての送別会も終わりました。残りは二週間程ですが、出来るだけの事をして帰ると言って張り切って居られます。松山課長が再赴任でリビア入りするのは、予定では四月一日ですが、本社でやる仕事も多く、多少遅れる事が予想されます。その間、当然土建の管理職者が不在になりますので、結局、私が代行する事になりそうです。

一方、別件の仕事の方、三月末に客先と改めて折衝（受注するための会議・打合せ）が始まるであろうという観測もあり、もし、そうなれば、再び日本から出てくるミッション（折衝団）と一緒に、その一員として客先との折衝に出席する必要があり、滞在が長引く事も考えられます。三月二十日頃、その会議が無い事がはっきりすれば、間もなく国内で始まるもう一つの案件の仕事があり、その日程が詰まって忙しいので、ここにいるわけにもいかず、月末頃までに日本に帰る事も有り得ます。

リビアも同様、今年の気候は例年と異なり、まだ寒い日が続いています。その上、雨季も完全に明けていないようで、もう四日間程雨の日がありました。ただ、よく晴れた日の日中は、日本で言えば晩春か初夏ぐらいの暖かさで、空気も乾き気持ちの良い日になります。

先日、三月八日の国民休祭日には、三回目ですが、古代ローマの遺跡「レプティス・マグナ」にバス二台を連ねて行ってきました。

予定より滞在が長引いていますが、幸い昨秋帰国時に加藤君に預けていた衣類一式が、そのまま保管されていたため、何の不自由も無く過ごしています。彼には昨年末までに私がリビアに帰らない時は捨ててくれと言っていたものです。

さて、便りにあった日本の状況、三月二十六日に最終金の清算をして、愈々城陽・青谷の家の売渡しになるようですね。人手に渡る前にもう一度あの家に行く機会もあろうかと思っていたのですが、ちょっと残念な気持ちです。それまでに庭木の一部や灯籠、陶器のタヌキを運ばねばならず、高倉台の家の庭も、その日に合わせて庭師を入れる必要があり、何かと大変でしょうが、宜しくお願いします。庭には真砂土か細かい砂利を入れて軟弱な土を改良し、排水をよくする必要がありますが、手配していますか。

高倉台の家を買った事による不動産取得税は、取得後六十日以内に支払うべきだったと思いますが、何か税務署から書類は来ていませんか。一月末からだと三月末が期限です。ただ、支払う本人が外国に居る時は、支払期日が延長されるものと思います。私が帰ってから手続きし、処理しますから、書類が来ていれば、または来ていなくても、一度税務署に電話して確かめておいて下さい。住所変更通知、父上に代書して頂き出して貰ったと思います。

まだ、決まっていませんが、帰途、フィリピンに立寄って帰ることも考えています。もちろん仕事です。

【付　記】

製鉄プロジェクトとは別の二案件に関する客先との打合せ及び担当課長が休暇帰国で留守になる間、その業務を補う為もあって、二月二十四日から四月十六日まで約五十日間の出張になった。

帰途はフィリピン経由ではなく、西独のデュッセルドルフでハウスメーカーと打ち合せて大阪に帰る事になっていたが、そこで本社から電話が入り、フランクフルトとイタリアのミラノに戻り、それぞれのメーカーと打ち合せて更にロンドン経由で帰国する事になった。また、帰国の予定日が数日延びた。

この手紙の冒頭に書いている三月五日に妻が投函した手紙が、持ち帰った他の書類に紛れて手元に残った唯一のものである。

★妻・常子からの手紙（唯一残った）

昭和五十九年（一九八四）三月五日

一樹様

毎日お忙しい事と存じます。あわただしく行ってしまわれて、やはりお帰りは延びるとの事でしたが、本当でしたね。お疲れは出ていませんか、案じております。どうぞお気をつけて下さいませね。四丁目の電気屋へ二二五万三〇〇〇円払いました。物置は一六万円でした。それから門の面格子も入りました。

今日三月四日、電話で三月二十六日に京都の不動産会社が柳馬場四条まで、青谷の家の鍵や権利書や実印や印鑑証明やらもって来てほしいとの事でしたので、行って来ます。お金は小切手ではどうかと言っておりますので、もし小切手でくれたら、お義父さんの通帳のある三井銀行か勧銀へ入れようかと言って居られました。ぼちぼち片付けております。あなたが帰られる頃には、ここの庭も出来ているでしょう。

ご両親は三月二十五日には、すっかり青谷を引きあげて来られる予定です。土曜日から掃除に行くと言って居られます。山田さんの車で残りの物を持って帰って来られます。ついでに近所にもあいさつするそうです。

そちらは、もうだいぶん良い気候でしょうね。こちらは毎日まだ寒く、でも陽射しはだいぶん春らしくなって来ました。二月二十六日の日曜日は山田さんと章子さんと淳一が来ました。あいにくの雨でしたが、午後からは雨もやみ、淳一はひとりでうろうろ見てまわって、ちゃんと一人で高倉山にも登って来ました。淡路島や大きな船が見えてきれいだそうです。お義父さんも今日登ってこられました。沢山の人が上がっているそうですが、風も強いそうです。私はまだそこまで時間のゆとりがなく日曜日もあっという間にすんでしまいます。

どうかお身体に気をつけてお仕事がんばってくださいね。あまりタバコを吸わないようにね。とりあえず近況お知らせします。皆々元気です。

常子

【付記】

勤務地の関係で神戸の須磨区に移り住む事にして、購入した高倉台の家には同年の二月十日に転宅していた。元の京都の城陽市青谷の家の売買契約は一月十七日に出来たものの残代金を受取る決済日は、当方が出張して留守中の三月二十六日になった。当時満七十七歳になっていた父には頼めないので妻が一人で大きな役目である決済に出掛けるようになった。

須磨の家も様々な工事や備品の調達が残っており、妻に頼んで出かけて来た。仕事を持っている妻にやむを得ず色々な負担を掛けていた事がこの手紙で判る。

写真―⑫　シンガポールの夜景

（絵葉書）シンガポールより

昭和五十九年（一九八四）十一月十五日

昨日、予定より二十五分も早く、午後五時二十分に当地に着き、下記のホテル（ホテルニューオータニ・シンガポール）に居ります。昨夜は、生きた魚類（エビ、カニ含む）を目の前で指定して買い、それを直ぐ料理してくれる海鮮料理屋で夕食を採りましたが、さすがに美味しいものでした。今、朝八時三十分。今日から仕事です。当地は雨期で、昨日も午後大雨が降ったようです。日中は三十度以上で蒸し暑くなりそうです。（写真―⑫）

【付　記】

先のリビア出張から帰国して七ヵ月が経って、リビアのニューキャンプ・プロジェクトのハウスメーカーの調査と打合せで同僚の高井君と共に出張した。話に依ってはそこから直接アメリカにも行く予定であったが、良い話にはならなかった。このホテルには屋上プールがあり、ある夕には水浴も楽しめた。

滞在は五日間で十九日には帰国した。

第六章　再度のリビア赴任

前回の赴任から帰国して三年半の間、前記した出張期間を除いて、私は本社でリビア現場工事関連業務の後方支援業務に徹していた。土建の本工事は昭和六十年十一月末で完了しており、以後はメンテナンス作業が始まっていた。翌年の初め頃から施工済の土建設備で様々なクレームが発生し、その都度久保山次長等が短期出張を重ねて対処してきた。しかしこのままでは根本的な解決は出来ず、製鉄所の設備として客先引渡しにも影響が出ると判断されて、昭和六十二年三月二日出発で、私が再度赴任して少なくとも一年間腰を据えてこれらの問題に向き合う事になった。

第一節　久し振りのリビア

39　また来ました、リビア

昭和六十二年（一九八七）三月六日

先日は空港までのお見送り有難うございました。ルートは、ソウルで飛行機を乗り換え、バンコク、アブダビに寄港し、トリポリには約三十分遅れの午前八時三十分に到着しました。日本時間では八時間加えて午後四時三十分頃になります。

トリポリの三井物産の事務所に立寄り、ミスラタのキャンプに着いたのは午後三時過ぎ（日本時間午後十一時過ぎ）になり、三月四日（水）正午頃家を出た訳ですから、合計三十五時間かかった事になります。やはり、ここは遠い所です。

キャンプでは、バングラデシュ人の雑役夫や食堂のコックが顔を覚えていて「また帰って来たのか？」「三年ほど会っていないが元気だったか？」と話し掛けて来て、歓迎してくれました。彼等は、もう五年以上もここミスラタの東亜製鋼で働いていることになり、本当に永続きしています。遅い昼食（中華丼）を食べた後、個室に入り荷物（全部無事通関できた）の整理をするともう五時半、早速風呂（五時頃には毎日沸いている）には入り、長旅の汗を流し、六時半頃また食堂に行き夕食（鶏の照焼レモン添え、ワカメの味噌汁、ポテトサラダ、ぜんざい、香の物【約八種類、梅干、塩昆布、ラッキョウ、なす漬などなど】好きなだけ、白飯、オレンジ）を食べていると、仕事を終えた会社の者が次々と現場から帰って来て、顔見知りが「よく来た」「これからが大変だ」とワイワイガヤガヤ、現在日本人は九十二人居るとの事で、近い内に更に増え百二十人くらいになる予定です。客先にプロジェクトを完成させて引渡す目標がハッキリして非常に活気があるように見受けました。

気が付くと、もう八時、そうそう、高井君（神戸・塩屋に新しい家を買ってすぐ又リビアに来ている人）は奥さんと共に来ていますが、リビアでできた男の子は、もう直ぐ四歳、色々な人種の人に囲まれて元気に過ごしており、挨拶も人を見分けて、ニイハオ、ボンジュール、ハウアユー等しゃべっていて、大変可愛がられているようです。

その後、キャンプ内を散歩して、疲れ果て、九時には就寝しました。大阪↓トリポリ間で五回の食事と五～六回の飲物サービス（リフレッシュ）で寸断され、三回も機外に出るなどして、仮眠は出来たものの、約四十時間以上の活動のあとですからグッスリ眠れました。

そのため、午前四時に目が覚めた今日【三月六日】は金曜日で休日、食堂での朝食は七時からのため、時間が出来、この手紙を書いています。

そろそろ七時です。食堂に行き、一番メシを食べに行きます。

食堂まで行って気が付いたのですが、七時からと思ったのは間違いで、毎日五時四十五分には食事が出来るようになっていました。

和食と洋食の二種類あり、勿論、両方を同時に採っても良いことになっています。（パンも黒い蒸しパンとトーストの二種類）

朝食のあと、キャンプ内を散歩（一周すると約一キロある）もう、朝からゴルフをしている人もいました。それから、娯楽室へ行き、昨日会っていない人と談笑、雑誌や本を拾い読み（本も今では二五〇〇冊程に増え、読みたい本もかなり有ります）。

ビデオは毎月二十時間分程が日本より送られて来ており、内容もニュース、スポーツ、映画と色々豊富です。

今日は、映画「インディ・ジョーンズ」を鑑賞、見終わって今自室に帰ったところです。只今十二時十五分、さて、これから昼食です。多分、休日の昼ですから、以前と同じカレーライスと予想します。

以上、取り留めなく約一日間のキャンプ状況をお知らせしましたが、三年前と比べ内容は充実しているように思います。さて、明日から始まる仕事の方は、まだどうか判りませんが、少なくともキャンプでの生活は、以前に二年余り生活していた所でもあり、全く違和感なく馴染む事が出来そうで心配有りません。ご安心下さい。

尚、手紙は会社経由で託送する事は現在止めており、正規の航空便で、ミスラタ郵便局でなく、トラブルを最小限にするため、トリポリまでまとめて運び、トリポリの郵便局から出しています。多少、後先になることはあっても、一〜三週間で確実に届いているとの事、そちらからの手紙も封筒に記した宛名書（会社ヨリ知らせていると思いますが）をして航空便で送って下さい。

【付記】

今回の渡航、大韓航空を使用してソウル経由の南回りコース、ビジネスクラスの使用はもう無くなりエコノミーでのリビア行きであった。

現場は土建工事が終わり、この時は機械関連工事が最盛期で日本人の数も増えていた。懐かしいミスラタ・キャンプでの生活、以前より居心地が良さそうに感じてやる気が出てきた。

40　三年半ぶりの現場

昭和六十二年（一九八七）三月二十日

リビアに来て以来、毎日不順だった天候もようやく落着いて来たようです。連日雨が有り、うすら寒い天気で、三月中旬としてリビアでは珍しい気温の低い日が続いていました。朝の出勤時には未だ防寒着が欠かせません。関西も三月七日には大雪（神戸では大した事はなかった）が降り、交通機関もマヒ状態と新聞で見ましたが、高槻への通勤時も大変だったことでしょう。

先便はもう着いている事と思います。キャンプでの生活は、便りの如くですが、三月七日から現場に入り仕事を始めています。

毎日は次の如くです。

・五時三十分　起床
・五時五十分　朝食
・六時四十五分　出勤
・七時～十二時　午前中の仕事
・十二時～十三時三十分　キャンプにて昼食と休憩
・十三時三十分～十八時三十分　午後の仕事

・十八時五十分　夕食
・二十時　風呂
・二十二時　就寝
出勤時間に比べて起床が早いようですが、土建の現場工事は六時半から始まっているためマレーシア人の監督一人を付けていますが、場合により六時半には現場に行く必要があろうかと考えて早めに起きています。日本では考えられないほど早朝より仕事が始まりますが、通勤時間が僅かバスで十分程ですから慣れれば苦になりません。

夕食後に時間がたっぷりあり、今のところ読書を主にしています。その内忙しくなれば現場事務所に十九時ぐらいまで居て、更にキャンプの自室に仕事を持ち帰る事にもなりそうです。

三月初めのリビア国会で、国民の休日（金曜日以外）が五日間（年間）減らされる事になり、東亜の事務所として、これを調整するため新たに木曜日の午後を平均して月に一日、半ドンにする事になり、昨日（三月十九日）が初めての半日休日でした。勿論、我々は関係なく、十八時三十分頃まで仕事でした。

先日（三月十六日）下請け・三星建設が私の着任を祝し、歓迎夕食会を三星のキャンプで開いてくれました。焼肉料理をメインにした韓国料理ですが、三星の新所長（四年程前、イタリアの三星・ミラノ支店で会った事のある人）や残っているスタッフは日本語が殆ど判らず、すべて英語で会話する事になり、一緒に招待された川島課長（三月三十一日日本に帰る）や中田君と共に気疲れがする食事でした。

現場では客先（リビア人）やコンサルタント（インド人）に顔見知りの人が多く居り、このプロジェクトを最初から知っているミスター・イワナリだと初めての人に紹介してくれ、ウエルカム！と歓迎されています。本格的に仕事するのは四月に入り、現状を全て引継いでからになると思います。

三年半ぶりに見る現場全体は、もうほぼ完成しており、全く見違えるようになっています。広い（東西四・五㌔、南北二・五㌔）構内はアスファルト道路が縦横に出来ており、東亜以外の業者――クルップやコルフ（西独）、フェースト（オーストリア）、テチント（イタリア）、現代《ヒュンダイ》（韓国）、中野組（日本）、セザイ（トルコ）も最後の仕上げ段階に入っているようです。

管理職には車が一台割当てられるのですが、私は免許が無いので五十ccのバイクを前回と同様もらい、これで現場内をあちこちに走り回っていますが、道路が舗装されており、工事用車両がめっきり少なくなっているので、快適に行動できます。

土建で抱えている労務者は、中国人三人、バングラデシュ人四人、マレーシア人五人の計十二人で、この直雇ワーカーとマレーシア人の補助監督員一人、土建技術部の中田君と私で以上十五名、それに下請の三星建設が五十名程居ります。

さらに直雇ワーカーを現在リクルート中で、五～六月には新しい監督を含めて二十名以上にする予定です。また、五月には中田君と交代する松浦君(土建技術部)がリビアに着任することになっています。

一部の仕上げ工事と三星に命じている手直し工事の検査が当面の主な仕事ですが、客先に引渡すに際し、無理難題が出て来ることが充分予測されているため、その準備（技術的・論理的反論）をする事の方がむしろ私の役目でしょう。

さて、健康保険証の新しいもの送って来ていますか、リビア建設部か業務部より「留守家族の皆様へ」という連絡は入っていますか、その中に航空便用宛名を書いた封筒が同封されていると思いますが……。給与は自動的に住友銀行に振込まれますが、一部、勤務先預金に廻している分は、もう直ぐ三〇〇万円の限度額を超えるものと思います。超えた分は自動的に住友銀行に廻る筈です。時々ＶＩＳＡカードで残額を確かめておいて下さい。もちろん、何か急に必要なものがあればカードで購入して下さい。

今日（三月二十日）は休日、久し振りに朝から好天です。ここに来て初めて洗濯しました。フトンも干しています。

日本は明日・明後日とお彼岸の連休ですが、何処かへ出かけますか。もう日毎に暖かくなって春の陽気が感じられることでしょう。

では、そろそろ昼です。休日は言うまでも無く定番の「カレーライス」これから食堂に出かけます。

【付　記】

メンテナンス工事と言っても、総勢六十〜七十人体制でやる大仕事である。マレーシア人の補助技術員ミスター・オングはこの後長期間この現場に滞在するようになる。

41　前任者との引継ぎ完了・業務始動

昭和六十二年（一九八七）四月十日

お便り三月二十九日に届きました。当方の分と比べて随分早いので驚きましたが、いつもこうは行かないようです。当方よりの第二便（三月二十日出）は届きましたか。

華子の入学式はどうでしたか。一人に三人（章子も行ったと思いますので）も付添いがいた人は他にいなかった事でしょう。大好きな神戸に住み、おばあちゃまの家から通学し、近くに友達も居て、大きな個室を占有し、全く申し分ないことと思いますが、本人はどう言っていますか？　尚、華子には英文レターを別便で昨日送りました。また、内容を彼女より聞いて下さい。

さて当方、三月三十一日発で前任者の川島課長が帰国され、愈々これからが本番です。私の着任を待っていたかのように三月末から先週迄、一つの大きな問題が持ち上がり、コンサルタントや客との応対に忙殺されました。純技術的な問題のため見解をレターにして報告、その内容を討議するというもので大変でした。

この件、一応落着し、来週から当方の主張する方法で工事をする予定です。今後とも、契約仕様の内容と現実の工事とのくい違いに関する問題がいくつか予想され、客先に引き取ってもらうには多少の譲歩が必要なものもあり、その都度うまく対応しなければなりません。

八月十六日の「赤通し」を目指して、今日の休日も、全体の三分の一程の人が出勤し頑張っています。

四月十六日には本社よりリビア建設室の東田室長が出張で来られる予定で、大きな問題点につき会議で方針を決定する事になっています。まだまだ先の話ですが、私の休暇、出てくる時の予定として、九月後半ぐらいと思っていたのですが、上記の赤通しを終える迄機械設備の管理職や主な人々は、休暇の権利（六ヵ月以上経過）があっても帰国できないため九月にずらす人が多く、全体のバランスから私が一足早く休暇を取る事も考えられます。七月の後半ぐらいが予想されます。その代わり、あとが来春の帰任まで長い期間が残りそうです。真夏の暑い日本に帰るのは余りゾッとしませんが、そうと決まれば仕方がないでしょう。貴方は休みが取れ易いかも知れませんね。

まだ社報が届かないので、ハッキリしませんが、この四月には大きな変化があった筈です。ごく最近まで予想されなかった牧野社長が退陣され、津島専務が社長になられたし、身近では、土建の井口次長が退職され、ＩＴＳという関係会社に移って、側面から土建の仕事を手伝われることになったようです。板垣さんも退職でしょう。土建でも出向者がかなり発表されている筈です。

リビアは、今気温の変化が激しい季節で、朝日の出前に出勤するときには防寒着が要る日もあるのに、昼間は三十度以上の暑さになり、クーラーをかけて仕事をするくらいになります。つい二、三日前には三十七度にもなりました。

四月一日よりサマータイムに移行し、現在の時差は七時間です。今、四月十日（金）午後八時三十五分ですが、日本時間は四月十一日（土）午前三時三十五分ということになります。

【付　記】

「大きな問題」とは、内径五十㍍の巨大な地下タンク（鉄筋コンクリート製）の真中を仕切った高さ八・五㍍、厚さ〇・八㍍の隔壁があり、片方に注水して水漏れ検査を行ったところ、約五十ヵ所から漏水が見られ、客先が大問題とクレームしてきた事である。結果、当方がこの壁が防水仕様になっていないのは、機能上その必要性が無いからで、漏水は自然に止まると主張して、約二週間経って漏水が完全に止まり、事なきを得た。漏水状態を最初目にした時は、本当に驚いた。製鉄設備には様々な水槽（ピット）があり、その全てで英国規格に基づいて厳密な水張り漏水テストが行われ、合格しなければならなかった。

第二節　ローマの遺跡・日本人会

42　円高不況と停年退職者の消息

昭和六十二年（一九八七）五月八日

先日、電話をして自分の席に戻ると、机上に四月二十日付の手紙が届いていました。皮肉なものです。約二年前からリビアより海外に電話するには、必ずトリポリの交換台に申し込む必要があるというふうに規制され、現在事務所の電話使用は一切禁止（業務用電話を阻害するため）されています。先日の電話は、下請け三星の事務所から申し込みました。通常、トリポリの交換手が出ないか、話し中が多く、十～二十回トライしないと掛からないそうですが、巧く二回目で繋がりました。電話に関して言えば、以前より不便になった感じです。（三分間……四・二LD＝二一〇〇円）

また、折を見て電話します。

さて、お便りの内容から見ると、まさに、言った通りせいせいして楽しんでいるように見受けられますが、元気で食事が美味しければ結構な事と思います。先月、宇治のお義父さんからのお便りには、近く常子と二人で小旅行を計画していますと有ったため、電話で訊いたのですが、玉造《たまつくり》温泉はどうでしたか。過日、父母が行った同じ旅館でしたか。私が松江に行って丁度一年になります。今年の大型連休の人出は、不景気と金余りで複雑な世相を反映して、何か特徴がありましたか。円高で海外旅行熱は盛んなことだったでしょう。

保育園の仕事の方、また新年度が始まった訳ですが、役所もそろそろ貴方の退職を勧告してくる頃ではないかと思いますが、そんな兆候は見えませんか。忙しくて大変でしょうが、家でジッとしているより良いでしょう。神戸市営の地下鉄が延伸され、バスの本数は増えたのでしょうか。多分、便数は変わらず、時間がずれただけだと思いますが……妙法寺駅はもう完全に途中駅になりましたね。開通直後の熱が冷めて、果たしてどうなるか、凄い混みかたが変わるかも知れません。

先日の法事、保憲叔父さんは来られなかったのですか。便りには出席予定となっていますが。「うず潮」も海側に面した部屋が取れれば良かったのではないかと思います。

昨日、久保山さんより便りがありましたが、その中で、井口さん、板垣さんのお二人はＩＴＳという東亜の子会社に退職後移られ、そこから東亜に派遣されるという形で、従来の仕事を手伝う事になったようです。板垣部長については、もう少しましな処遇がなされるのではないかと考えていましたが、不景気のどん底にいる当社の事、例外は作らないという方針が貫かれたようで厳しい感じがします。もはや、たとえ元部長であっても、関係会社の相当なポストに横滑りするというやり方は出来なくなっているのかも知れません。

他には、波岡さんという阪大の助教授を東亜に迎えた人がおられますが、この人も今年定年（五十五歳）で退職、自ら神戸高専の教授として転職されたようです。

あと、鶴川さん（日本道路公団より山田さんが招いて来て貰った人）も五十五歳で退職されたと思いますが、その後の事は聞いていません。

円高が更に進み、本社内は益々不景気風が吹き荒れているようです。リビアのような海外工事は円高が進めば進むほど受注出来なくなります。エンジニアリング事業部も今後は半分以上の仕事を国内より受注する方向で考えざるを得ず人減らしは続くことでしょう。

円高は直接、海外に来ている我々の給与にも影響しています。現地手当として、月に一九〇〇US$《ドル》程が支払われますが、先日の明細を見ると、円換算は一四四円、以前、最高二七〇円ぐらいだった頃と比べるも半値に近くなっており、全く情け無くなるような目減りです。これが昨今は一三〇円台と更に低下が予想され、当地に来ている社員の間からも不満が漏れ始めています。景気の良い時なら本社も直ちに支給額を増やし、バランスを取るという処置をするでしょうが、まず、その望みはないでしょう。

余談ですが、神戸・塩屋にある高井君の新築の家、留守中、東亜興産に委託して人に貸していますが、兵庫リコーと言う会社の寮になっているようで、彼の手元には毎月一〇万円の家賃が入っているとの事、一軒家の家賃としては安いように思いますが、いざ、人に貸すとなるとその程度が相場のようです。

高井君の他に二人が奥さん連れで当地に来ていますが、その内の一人、業務課の平河君の奥さんは、元日本航空の国際線のスチュワーデスをしていた人です。朝の挨拶で「お早う御座います」と言うとき、また、私の席に書類を持って来て、「よろしくお願いしまあす」と言うときの調子が、深田祐介の「スチュワーデス物語」をテレビでやっていたときの訓練生と同じ発音の仕方に思い、訊いて見たらそれが判りました。もう三十近い歳の人ですが、世界中、日航機の行く所は殆ど行ったそうで、このリビアは思っても居なかったが、普通なら来られない所なので、仕事の手伝いをしながら、これも良い経験と思っていると話しています。大沢君の奥さん（こちらは新婚）と共に毎朝、現場事務所前のラジオ体操にも元気で参加しています。

先週の金曜日（五月一日）休日を利用してミスラタ東南約二五〇㌔にあるシルテ市迄仕事で行ってきました。普通の日はとても忙しくて時間が無いため、下請け三星のミスター・リーと共に、三星のインド人運転手と共に三菱のランサーに乗り、日帰りしてきました。このシルテ市の近くで、三星が高速道路の現場を持っており、ミスラタの工事の一部を見積りしてもらうために出向いたのですが、日頃、キャンプと現場を往復しているだけなので、良い気分転換にもなりました。

ミスラタからトリポリとは逆のベンガジの方向へ車で四十分位走ると、周囲は、高架電線以外は全く何も無い砂漠（土漠）です。たまに道路脇で羊や駱駝《らくだ》を放牧している風景が見られるくらいです。道路は直線部がほとんどで、前方一㌔くらいから向こうは陽炎《かげろう》のため逃げ水現象が見られ、その中から対向車が、その影を映しながら現れたと見る間にすれ違います。なにしろ、そのインド人の運転手は、黙っていると直ぐ時速一四〇キロで走るので、何回も注意して時速一二〇キロにさせる訳ですから、二五〇キロを二時間半で着きました。

途中、道路の真中で、以前にも見た大きな砂漠のネズミが後ろ足で立上がり、前足を上げて、まるでバニーのように私達を歓迎してくれていたのは印象的でした。

四月二十九日よりラマダンに入っています。私の下にいるワーカーの内五名のバングラデシュ人はイスラム教徒です。一ヵ月のラマダン期間中は半日しか仕事ができず、工事の進捗に影響が出ています。

当地に来て二十冊の本を読了しました。その内、良い評価を与えたものは、次の四冊です。

・無名碑（曾野綾子）
・間宮林蔵（吉村昭）
・吉里吉里人（井上ひさし）
・炎熱商人（深田祐介）

吉里吉里人は八百頁を超す大著、約二週間かけて読み終えました。

【付記】

ミスラタから東方に行く事は殆ど無かったが、前回セダダの石灰石プラントの現場に行った後、久し振りに東方へ遠出し、気分が改まった。砂漠ネズミという奇妙な動物に今回も出くわした。

43　サブラータの古代ローマ遺跡

昭和六十二年（一九八七）五月三十日

一ヵ月のラマダンも五月二十七日に終わり、二十八、二十九そして今日三十日と三日間イード・ホリデーで連休です。客からはこの休みの間も工事を続けて良いという話が有ったものですから、イスタンブール行きを取り止め直前に休日工事を申請したところ、宗教上の理由と言う一言で強制的に休むようにさせられました。イスタンブールでは、現在、新日鉄と石播さんが第二ボスポラス橋という、完成すれば世界第六位の長大吊橋を工事中で、ついでに、ひょっこりと現場を訪れ、新日鉄の知人に案内してもらい見学したかったのですが止むを得ません。

昨日は四十名程で、ミスラタより二八〇㌔程離れた所にあるサブラータの遺跡見物に行って来ました。場所はトリポリより更に西に七〇㌔程行った地中海岸にあり、もう少し西に行くとチュニジアの国境です。以前行ったことのあるレプティス・マグナの遺跡はミスラタとトリポリの中間あたりに位置していますが、この二つとも古代（紀元前）フェニキア人の商都で、サブラータはアフリカの象牙の集散地として栄えた港町だそうです。遺跡は紀元前一四六年にローマ帝国軍がカルタゴ軍を破り、この町を占領してから建造した大浴場、神殿、円形劇場、元老院、公会堂などがかなり広い範囲に亘《わた》って点在しています。特に大きな舞台を持ち、階段状・半円形に観客席のある劇場は壮大で、レプティスのものより規模も大きく、原形も充分留めているようでした。

神殿の一部は、もう海中に没しようとしていますが、その大きな石組みに一人で胡坐をかき、目の前に黒く見える程蒼い地中海の荒波を眺め、その飛沫を浴びながら食べた弁当の握り飯は本当に美味しかった。良い思い出になりました。

休日と言うのに、団体は東亜の他、韓国の現代建設《ヒュンダイ》が三十名程居ただけ、あとは家族連れがパラパラという状態で勿体ないようでした。

今日も休みですが、朝からエアコンの総点検・掃除です。バングラ人のワーカーが三人がかりで各部屋のエアコンを取外し、徹底的に掃除をして、また元のように据え付けるため、部屋の中の物一切を片付け又復旧すると言う大掃除になり、ようやく昼前に私の部屋は終わりました。これから本格的な夏を迎えるにあたり、機能を充分にして置こうと言うものです。

やっと一週間前から、昼間は夏の気配が感じられるようになりましたが、朝夕は、まだ寒いほどで、昼はクーラー、朝晩は暖房として使っています。

福井県三方五湖の買物バスツアー（五月二十四日）はどうでしたか。六月の玉造温泉行き決まりましたか。何も団体で行かなくてもタクシーを利用すれば歩かなくても良いでしょう。却ってバス旅行の方があちこち歩かされるのと違いますか。まあ、のんびり行ってきて下さい。先便にも記したように私がいなくてセイセイしている感じですね。

先日、新聞にも大きく出ていたと思いますが、東亜エンジニアリング事業部はソ連よりポリエステルのプラント工事を受注しました。受注金額は約八八〇億円、久々の大型プロジェクトで、エンジ事業部としてホッと一息ついている事でしょう。但し、契約は現地工事無しで、機械類を船積み出荷するまでが工事範囲のようですから、我々土建屋は余り出る幕は無さそうです。この時節、下手に海外で工事を行わない方が、リスクが小さく会社にとって良い事かもしれません。

私の帰国休暇はまだまだ先の事ですが、九月中旬から十月初めにかけて、旅行日を入れ二十三日間の予定でいます。現在の工事が順調に行けば九月一日のリビア革命記念日にカダフィ大佐を東亜の現場に迎え、彼がボタンを押すと真っ赤な鉄の固まりが鉄筋になるという工程の機械設備が動き出す事になっています。この製鉄所で他業者に先駆けて稼動する設備であるため、リビア国内及び海外に彼が誇らかに宣言する政治的な意味もある重要な行事になるでしょう。

場合により、彼と握手し、挨拶を交わす事になるかもしれません。もっともこの時には、本社から副社長または専務が来られるでしょうから、遠くから眺めているだけかも知れませんがネ。

結局、その仕事を終えて、丁度六ヵ月になりますので、休暇と言う訳です。帰りは何も無ければ、チューリッヒ（スイス）に一旦出て、バルセロナ（スペイン）に行き、二〜三泊してから日本に向かいます。

休暇中シンガポールかバンコクにでも行きませんか？　ハワイでも良いのですが……まだ時間が有るので考えておいて下さい。それとも、また、有馬温泉ですか？

六月四日にはビザ取得の遅れていた松浦君が土建のスタッフとして東京本社より赴任します。い

写真―⑬　サブラータのローマ遺跡

ずれ奥さんと子供を呼び寄せる計画です。その代わり、昨年十一月より二～三ヵ月という予定で来ていた中田君、延び延びになった滞在でしたが、六月末で帰国します。

【付記】

ラマダン明けの休日、事前には工事をしても良いという客先の口頭の許可が出ていたので、イスタンブール行きの計画を取りやめにしていたが、正式に休日工事の申請をしたら、駄目だという返事が有った。この様な客先の心変わりや決定事項の撤回はよくある事であった。仕方なく希望者を募って国内のローマ遺跡・サブラータ行きとなった。

レプティス・マグナの遺跡と比べて、より原型が保たれているように感じたが、圧巻は海に一部が沈み込んでいる遺跡であった。(写真―⑬)

44　東亜赴任社員の交代・その家族

昭和六十二年（一九八七）六月十八日

何やかやと忙しそうですね。出雲旅行はその後行きましたか。梅雨に入って仕舞うと値打ちが無いかも知れません。しかし、雨の宍道湖《しんじこ》も格別かも知れません。

六月四日に松浦君がリビア入りし、中田君は六月三十日発で帰国します。松浦君は早ければ八月には奥さんと子供二人を呼び寄せ、ファミリーハウスの住人となります。おそらく来年末頃まで滞在し、頑張って貰うことになります。現在、二人の引継ぎをやっています。子供は三歳と二歳ですから高井君の子供（三歳）の良い友達が出来る事でしょう。高井君の子供はキャンプでたった一人ですから遊び相手は大人ばかり、他はキャンプにいるねこ、うさぎ、犬などで、毎日、昼に現場からバスが着くと、必ず駐車場まで出迎えに出て、皆に頭をなでられて元気にしていますが、やはり一寸淋しそうですから、新しい子供が来れば大喜びでしょう。高井君一家は、現在イタリアに休暇旅行中で三週間程留守です。

今年の始めから、私は現場事務所の前で毎朝行うラジオ体操のインストラクターをやっています。四～五年前、ここで山岡さんより表彰された話がまだ生きており、喧伝《けんでん》されているようで、新座所長から強い要望があり、約五十人の前で模範を示しています。体を前に折り曲げ、両手の平が地面に完全に着く者は殆どいない中で、年嵩《としかさ》の私が簡単にやってのけるのが驚異のようです。また、インストラクターを始めてから見ていると、中国人、マレーシア人を含めて、当初はバラバラだった皆さんの調子がようやく揃って来たようです。

日本も梅雨入り前後に非常に暑い日があったようですが、ここミスラタでも先日、三日間ほど盛夏を思わせる暑さが続き、最高気温も四十三度程になりました。最高の四十九度を知っているだけに、まだまだ我慢が出来ますが、新しく赴任してきた者は、もうビックリしています。唯、そんな日でも、朝夕は涼しく凌ぎ易いのがリビアの取柄で、日本の蒸し暑さを思うと極楽とも言えます。

季節の移り変わりと共に、食堂で出る果物もオレンジからスモモ、名前は判らないが、梅の実のようで甘いもの、そして最近では西瓜が出始めました。三星建設の事務所では、リビアのアップルと言う姫りんごも出て来ています。おかずは、よくこれだけ毎日違った物が出るなあと思うぐらい、種々の料理が出され、飽きが無い感じです。マカロニグラタンだけは、どうしても食べられず、そんな時は梅干と塩昆布でお茶漬です。マグロの刺身も、月一回は出るようで、他に鉄火ちらし寿司として出ることもあります。乾燥した豆から作る即席納豆は一寸クセがあるが、粉末から作る即席豆腐は日本で食べるものと変わりません。この冷奴はなかなかいけます。おでんに出る即席こんにゃく（粉末を熱湯で溶かしてつくる）は歯応えがもう一つです。アメリカとの関係が悪化しているためか、コーラが殆ど無くなり、歓送迎会での飲物は、日本から船で持って来た缶ジュースばかりです。

タバコも輸入品はもう手に入らず、キャンプのＰＸではリビアの物しか売っていません。しかし、次々と赴任して来る人が手土産にアメリカやヨーロッパのタバコをくれるため、余り不自由はして居りません。

さて、越前大野の大仏さん、開眼法要も終わり、一般の参拝が始まったようですが、入場料が三千円とか、拝観と言いながらベラボウな値段ですね。故郷に寄付するという施設ではなく、やはり商売が目的だったようです。それでも母は行く事にしていますか？

一方、先月（五月）には、京都で京阪電車が三条まで地下に潜ったようですね。宇治の御両親は道すがらもう利用された事でしょう。貴方はまだですか？　これで鴨東の景色、感じが一変するでしょう。地上の跡地は道路になるようですが、河畔の遊歩道兼公園にでもすべき所と私は思います。地下は近い将来出町柳《でまちやなぎ》まで線が延び、淀屋橋発八瀬《やせ》行きと言う電車が走ることでしょう。三条京阪の京津線は、相変わらず地上駅になっているのでしょうか？

東亜製鋼も貴方が知っている山文ビルの海側一帯に有る脇浜工場を閉鎖し、海に面した遊園地「トーアランド」的なものを造ること検討し始めたようです。どんなものになるか判りませんが、海の向こうにヤジロベエ式の摩耶大橋（斜張橋）が見え、ポートアイランドの南公園とは違って、アクセントの付いた遊園地になるかも知れません。

今後は、こうしたウオーターフロントと言う水（河、海、湖）に接した土地の再開発が全国的に行われる方向にあります。考えて見ると、都市の近くでは、海岸はすべて工場か岸壁になり、自然の海岸は見たくても有りません。唯一、須磨の海岸があるぐらいです。ハワイのワイキキの浜ですら、大量の砂を他所から運んで来て造った人工の海岸です。

内需拡大に伴い、日本国内の土建屋の仕事は忙しくなりだしたようです。

【付　記】

朝のラジオ体操の模範を示すインストラクター役は、この時から常時、私の役目となった。

海岸に面した神戸・脇浜工場の有った辺り一帯は、現在新しい街・ＨＡＴ神戸として、マンション・病院・学校・老人保健施設等が建ち並び、生まれ変わっている。

45　ホムスで海水浴大会・休日の決め方

昭和六十二年（一九八七）七月十七日

七月十四日台風五号の接近で神戸は一〇〇ミリもの大雨だったようですが、何も被害は無かったですか。愈々台風シーズンですね。これから九月末までに幾つかが上陸するでしょう。ここ、しばらく大きな台風の本土上陸がないので心配な事と思います。

金龍閣で中華料理ですか。よく行きますね。唯、食べる料理の品数と種類がいつも同じなのが気に懸かります。三宮交通センターの右向かい、三宮センター街からは、エスカレーターで地下に下りて、右前方奥の隅に九龍《クーロン》という中華料理店があります。ここはバイキング方式で食べ放題、呑み放題ですが、料金も比較的安く、品数も豊富です。果物、アイスクリームまで自由に食べられるので、一度行ってみてはどうですか。食べるだけでなく雰囲気を気にするなら、オリエンタルホテルの地下にもバイキング中華がある筈です。ただ最近ホテルの経営者が代わって、改装しているかも知れません。

保育園の方もなかなか忙しそうですね。頑張って下さい。ボーナスも沢山貰えて結構です。何かまとまった物買いましたか。華子にも小遣いをやったのですか。この手紙が着く頃は夏季休暇の最中、もう遊び疲れているかも知れません。宇治の御両親との山陰・玉造温泉の旅は、結局どうなりましたか。折を見て三人で行くと良いでしょう。

父母は日光・鬼怒川温泉へ旅行したとか、十九、二十日の一泊二日でしたか。いかに新幹線と飛行機で往復するとは言え、東京見物迄入っているのでは疲れた事と思います。ある程度の年齢になれば、個人でゆっくり行くのが良いと感じます。

最近、食堂の果物は主に西瓜ですが、マスクメロンや普通の瓜メロン、それに無花果（イチジク）も出てきました。その内ブドウが顔を見せるでしょう。

ここミスラタ・キャンプの風呂は二、三人が充分体を伸ばして入れる程大きい浴槽で、たまに一人で入るときは、広々として気持ちが良いものです。

女性の書いた新しい歴史物として「宰相夫人の戦後史」上坂冬子著と、「西郷家の女たち」阿井景子著などを読みました。

ボーナスの明細、やっと七月十六日に現地に来ました。総額約一三三万円、税金、住宅ローンを差し引き、銀行には九九万円が入金されています。前回（昨年暮）分を記憶していませんが、やはり一寸下がったようです。（明細書の写しは直接自宅に送られていると思いますが、出張者になっているため、送付されていないかも知れません）まあ不況の昨今、仕方がないでしょう。

六月の末、キャンプで「ミスラタ・サマージャンボ宝くじ」が売り出されて、一枚半ＬＤ（約二五〇円）のくじを二十枚買いました。数日後抽選会があり、私もベニヤ板を円く切り、数字を記した回転板に、五㍍ほど離れた所からダート（投げ矢）を投げ、当選番号を決める役目をしました。一等はリビア・トリポリから大阪までの大韓航空のファーストクラスに乗れる差額分一二〇ＬＤ（約六万円）で、二等はマルタ島往復の航空運賃九十ＬＤ（約四万五〇〇〇円）……というものでした。全部で二千枚売出されましたが、結局、私は五等十ＬＤが一枚当り、購入費を帳消しにしたという結果でした。一、二、四等を一人で当てた運の強い人も居りました。

七月十日（金）はリビア日本人会の海水浴がミスラタとトリポリの中間点、ホムス海岸で催され、参加しました。ミスラタからは東亜関係者約百名が大型バス一台、マイクロバス二台に分乗して参加、トリポリからは日本大使夫妻を始め各商社、メーカーの駐在員が家族連れで約五十名が来られました。丸紅のトリポリ支店長が日本人会の会長です。新座所長（東亜）は副会長で、この海水浴は東亜主催で行ったため、バス、昼食、おやつ、テント、トイレ等全て東亜で段取りしたものです。素晴らしく透明な青い海で、両側に突き出た崖に挟まれた長さ約二〇〇㍍、奥行き一〇〇㍍のなつめ椰子の林のある白い遠浅の砂浜でした。海水温度が意外に冷たく、一度海に入っただけで、あとはテント（運動会で用いるような大型テント三張）内で昼寝をしていました。

アトラクションの西瓜割りには、余りの面白さに見物していたリビア人の若者や金髪のグラマーな外人女性も飛入り参加し、思わぬ国際親善になったようです。弁当は、いなり寿司と巻寿司、ゆで玉子二個でした。

まだ二ヵ月以上先の事ですが、休暇で帰国する日程を一応決めました。九月二十二日火曜日トリポリ発、チューリッヒ（スイス）とバルセロナ（スペイン）に二泊ずつして、アラスカ経由のスイス航空で帰ります。日本・大阪空港着は九月二十七日の日曜日十八時四十分の予定です。休暇を終え、再びリビアに向かうのは十月十四日水曜日になるでしょう。

スペイン・バルセロナの沖、地中海にバレアレス諸島と言うのが有ります。その中に淡路島より一回り大きいマヨルカ島が有ります。ヨーロッパのハワイと呼ばれるリゾートアイランドで、欧州の主要都市から直行便が飛んでいます。約百五十年前、ショパンとジョルジュサンドが約半年間滞在した事もあり「雨だれ」という名曲は、ここで作曲されたと手元の本に書かれています。パルマの僧院もあります。最初、チューリッヒからこのマヨルカ島にスイス航空で飛び、あとバルセロナへイベリア航空で行く心算《つもり》でしたが、ミスラタから直接ホテルの手配及びスペイン・イベリア航空の予約も出来ないと判り、諦めました。リビアは全ての行動に必ず何らかの拘束や制約がある国です。

去る七月五日の日曜日は突然の休日でした。前日七月四日の朝、客先の一部の人が、明日は休みらしいと言い出して、確認したがはっきりせず、漸く明日は休み（国民の祝祭日）と明確になったのは、七月四日夜九時の事でした。理由は、隣国の「アルジェリア独立記念日」と言うことで丁度、カダフィーさんがアルジェリアを訪問しており、会話の席ででも急に話が出て決まったのでしょう。とにかくこんな調子です。来週七月二十三日の木曜日も、また休みらしいという話が出ています。今度は「エジプト独立記念日」らしいですが、これもまた前日にならないとハッキリしないでしょう。

キャンプには、今猫が十四以上居ります。キャンプマスターの上村さんが猫好きで、餌付けを始めたからで、その噂を聞いた近隣の他所の猫も集まり増える傾向です。四月の終わり頃、足どりの未だ覚束ない程小さなトラ猫が、私の住んでいるI棟（全部で十棟、各棟に二十の個室がある。現在八棟使用中）に居付き始めました。寮棟の玄関や廊下をうろうろし、玄関脇の防火用砂の入ったバケツによじ登って用を足したり、仕事から帰るとミャーミャーと鳴き、足元にじゃれ付いて居ました。ある時など、昼食に帰った時、私の部屋のドアの前に丸くなって眠っていました。その後、次第に大きくなり、今ではキャンプの大通りを一人前に大きな顔をして歩いています。声をかけて屈み込むと膝の上によじ登り、喉をグルグルと鳴らして甘えています。他に大きな犬が二頭、リビアウサギ三匹が居付いています。

【付　記】

ホムスでの海水浴大会、日本人会の副会長である東亜の新座所長が音頭をとり、気前の良い所を見せた。

この年の夏の私の賞与は三月以降が赴任者であるため、国内給与がリビアでの支給給与とのバランスで減額されるため前年の冬の賞与より少なくなったが、その割合は小さかった。

第三節　マルタ島の観光

（絵葉書）マルタ島に来ています

昭和六十二年（一九八七）八月四日

こんにちは！　やっとリビアを脱出して、ここマルタ島に本日着きました。トリポリから四十五分のフライトで着きます。写真（写真―⑭）は首都バレッタの街です。ヨーロッパ各地、特にイギリス人が多く夏のバカンスを楽しみに来て、島の人口は大幅に膨れているようです。イタリアの圧政下が長かったためか、街はイタリア風で、ローマの町並みとよく似ています。一九四〇年～四一年にかけて、伊・英間で凄い攻防戦があり、以後、イギリス領となり、その後独立国になったものです。

昨夜、五ヵ月振りにビールを飲みました。ワインも飲みました。非常によくまわりました。八月六日の便で、またリビアに戻ります。

写真―⑭　バレッタの市街（マルタ）

【付　記】

マルタ旅行の内容詳細は、次の手紙でしるしている。

46　マルタ島旅行の報告

昭和六十二年（一九八七）八月十四日

しばらく涼しかったリビアも、このところリビアらしからぬ蒸し暑い日々が続いております。例年なら、もうそろそろ秋の気配が感じられる筈です。昨日（八月十三日）は、余り暑いので自分で気温を測ってみたら、日陰で四十四、五度ありました。直射日光下では五十度以上で、普通の寒暖計では測定できません。まるでサウナ風呂に入っているような一日でした。日本は如何ですか。

先日（八月九日）電話しましたが、不思議なもので前回（四月二十六日）に電話したときと同様に、自分の机に戻ってみると七月二十七日発信の便りが届いていました。電話で話をしたように、当地六月二十六日発信の手紙が事故で届いていないようですね。その内遅くなっても届くと思います。その手紙の中でお中元の送り状の件及び宇治と高倉台の両親の金婚式の件を書いていたのです。

・野村家は京都駅八条口のホテル京阪の式場

・岩成家は舞子ビラの結婚式場

という提案で、式（神主さん出席）が終わったあと宴会場で会食という段取りです。それぞれの様子を調べてくれるよう依頼していました。何しろ今度の休みは、十月四日と十一日しか日曜日がありませんので、予め段取りをキチンとしておかないとまずいでしょう。たまたま、舞子ビラで鯛の生きづくりによる会食の様子を伝えてもらいましたが、式の写真の事も知りたいものです。舞子ビラで貸衣装により金婚式の記念撮影をするのも良いでしょう。計画は貴方に任せます。よろしく。

マルタ島からの絵はがきは着きましたか。八月三日〜八月六日、三泊四日で小旅行しました。末松課長と他三名の計五名で出かけたものです。

当日リビアを発つ時、ハジ休日ということでリビア人も海外に行く事が許されたため、トリポリ空港は、私が初めて見るような物凄い人出で混雑しており、マルタ行きも、予約の取り過ぎで飛行機に乗れない可能性もありました。午後四時半のトリポリ発便に乗るため、八時半にミスラタ・キャンプをマイクロバスで出発、三時間余でトリポリ空港に着き、早くからねばった甲斐あって、やっと脱出に成功しました。

午前五時半にキャンプを出発し、午後一時半のローマ行きに乗る予定の別班九名は、オーバーブッキング（予約の取り過ぎ）でリビア人を優先されたため、日本人は乗れずにキャンプに帰り、翌日また出直してやっとローマに行けたと言う始末です。（三泊四日が二泊三日になった）

マルタ島は、また、ヨーロッパ各地からバカンス客がドッと詰めかけ、大変な人出でした。彼等は真夏でも余り日光の当たらない所に住んでいるため、マルタでは肌が焼けただれるのも構わず、日光に当たりたがり、皆真っ赤に日焼けしていました。東亜からもう一組四名はフランクフルト（西独）に行ったのですが、帰って来た彼等の話では、雨がショボショボ降り、昼間街を歩くにもセーターが必要な程寒かったとの事、同じ八月の初めなのにエライ違いです。（その後、日本の新聞を見て、今夏は特に異常であると判った。）

マルタ島では八月五日マルタ本島を一周する観光船に乗りました。周囲約一五〇キロ、朝九時にバレッタの港を出て、夕方五時半に帰港する丸一日のコースでした。途中コミノ島という小島に立寄り、ブルー・ラグーン（青い潟）という、そこは水が透明で澄みきった海岸で、三時間余り海水浴と昼食の碇泊でした。昼食は大きなワラジ程もあるビフテキで、ポテトフライとサラダが付き、他にワイン、コーヒ、ケーキも船上で出ました。これで船賃とも一式七マルタポンド（日本円で三二〇〇円程）でした。

マルタ島ではトップレスは禁じられていますが、ヨーロッパの若い娘は全くお構いなしで、堂々と日光浴をして居ります。日焼けに白い跡が残るのが嫌なようです。

二日目の夕方、タクシーの運転手に、海鮮料理の美味しい所（レストラン）に行け、と言ったところ、マルタで一番と言う所に連れて行ってくれました。バレッタから十二、三キロ離れた町にあるレストランで、屋外の席は海上に張出すように造られ、夕日を眺めながら、ゆったりと食事できる所でした。

注文したのは、伊勢えびを焼いたもの、大きな楕円形の皿に端から端まで載るような見事なエビで、縦に半割りになっていましたが、これだけでも満腹になったものです。他にエビのスープ、各種サラダ、パン、ビール、ワイン大ボトル二本等五名で飲み食いしたのですが、一人当たり二三〇〇〇円程でした。これ程左様にマルタは食べ物の安い所です。ビールの小瓶は街のレストランで、一本八十五円ぐらいです。舞子ビラの料金と比べて下さい。日本が高過ぎるのかも知れません。

マルタ島で気に入らない点は一つ、水が悪い事です。島には一本の川も無いため、水は井戸水ですが、例によって塩分が多く、口に含んでも塩辛さがはっきり判ります。その為、ホテルでシャワーを浴びても、あとは何となくベトつく感じが残り、すっきりしません。飲料水は輸入物のミネラルウオーター（一、一・五、二リットル入りの日本で言えば醤油ビン、プラスチック製のようなものに入っている）で、街のどの店でも置いていました。（一・五リッター入りで百円程）

工事の方、九月一日のセレモニーは客の方の都合が付かず延期になりました。客が用意する筈の材料（スペインから輸入する鉄の塊・ビレット）の手配が間に合わぬためです。これで全体工程は大きくずれる見込みです。その間を利用して新座所長は急に八月二十日発で帰国休暇に入ります。従ってカダフィさんは来ませんが、先日（七月末）アルジェリアの首相が現場視察に来られたようです。事前に通知が一切無いので、気が付かない間に帰ったようです。

さて、私は九月二十二日発で、スペイン・バルセロナ経由で帰国しますが、何かお土産の注文があれば連絡下さい。父母、華子等の希望品を聞いて知らせて下さい。マルタ島は何も土産品らしい物は無い所で、何も買っていません。ブルー・ラグーンの岩のカケラは採って来ています。他はオランダ製の魔法ビンを買い、キャンプや現場で使っているのと、体洗い用スポンジ（リビアには無い）を買い毎日風呂で使っているくらいです。父にはマルタ国のお金（硬貨）を持って帰ります。

父と華子が留守番になって貰えば、母と貴方と三人で北海道に行っても良いですね。三泊四日ぐらいで……。

【付　記】

マルタ旅行、五名という少人数で行ったので良かった。島一周の観光船には末松課長と二人だけで参加し、のんびりした別天地の時間を過ごせた。

47　休暇帰国時の予定・読書六十冊

昭和六十二年（一九八七）八月二十八日

先便にも記しましたが、野村・岩成両家両親の金婚式の段取り、巧く行っていますか。休暇中の私の個人的な予定を書くとしたら、この両家の金婚式に出ること、貴方と何処かに旅行に行く事、また他に国内の一人旅行をする事と友達と会う事です。

会社の方には、今回は出来るだけ出ないで済まそうと考えています。八月二十七日（一週間遅れで）に、新座所長が休暇帰国しました。また、工務担当の小島課長も九月八日発で休暇帰国します。そのため本社に行って特に報告する事が少なくなると思いますので、九月二十七日（月）の後、身体検査日ぐらいを出社日と考えています。

リビアに戻る日は、十月十四日（水）の大韓航空の直行便と、もう決められていますが、いまオーストリアのある会社から物を購入する話を進めていますので、リビアに戻る途中ウイーン経由で、その会社に訪れ、物の検査をする事になるかも知れません。

東亜製鋼本社の話では、着々と人減らし作戦が進んでいるようで、土建技術部も様変わりしている可能性がありますが、このところ内需拡大で、鉄の方は持ち直し、神戸製鉄所や加古川製鉄所は、フル生産体制に切り替えているようです。結構な事と思います。ただ、エンジニアリング事業部の海外プラント物の底冷えの感はまだまだで、なかなか新規の仕事を受注する事はむずかしい様子です。

また、来年四月頃まで、この仕事を継続して担当する事になりそうです。松浦君の奥さん、子供のリビア入りは、九月中頃には実現する見込みですが、リビア大使館よりのビザの発給業務が滞っているため、ハッキリとは判らないようです。

八月も末、もう夏も終わりですね。先日来リビアでも急に涼しくなり、雲も出はじめ、パラパラと雨すら二日ほど降り、愈々雨季の到来かと思われたのですが、昨日、今日と、また暑さがぶり返し、南の風が吹いています。

ミスラタでの読書は、現在五十八冊目、休暇までに六十冊と言うのが目標でしたから、まず達成は間違いないでしょう。さすがに、このところ文庫本の細かい字が読みづらくなって来ました。枕元にスタンドを据えて、寝ながら読むのですが、長くは続きません。

歯はガタガタ、目はショボショボ、頭は白っぽく、膝はガクガク、変わらないのは体重だけですから、空港で見間違うかも知れませんよ。もっとも先日、客先コンサルタントのインド人技術者が私を見て、絶対に四十歳以上には見えないと言っていましたので、果たしてどちらが本当か。

東京地方と同様、関西地方も、これからは土地がらみの物が値を上げるでしょう。株はその内、大暴落が予想されているようです。

九月一日（火）は革命記念日で休日です。同日は東亜製鋼の創立記念日です。九月二十二日（火）

にミスラタを出発するので、この手紙に対する返事は要りません。

【付　記】

今回の休暇、珍しく予定通りの九月二十二日に出発して、ミスラタに帰着したのが十月十四日であった。休暇の期間も六ヵ月滞在で三週間となっている。気ままな一人旅のスペイン・バルセロナ行きも予定通りスイスのチューリッヒから往復した。建築中のアントニ・ガウディの聖家族教会（サグラダ・ファミリア）を見学し、闘牛やフラメンコも見物でき、念願が叶った。

第七章　再赴任、帰国休暇後

第一節　改めて思う事・先輩の行く末

48　リビア、やはり遠い所

昭和六十二年（一九八七）十月二十一日

日本を出て早や一週間経ちました。

このミスラタ・キャンプには十月十五日午後一時半に到着（日本時間十月十五日午後九時半）しました。

十月十四日十六時に大阪空港を出発して、二十九・五時間かかった事になります。その内トリポリ空港に着いたのが十月十五日七時頃ですから、途中のソウル、バンコク、アブダビでのトランジット時間を各一時間と見て飛行機で飛んでいた時間だけで、二十時間です。何回往復しても、やはり、遠い所だと感じます。

途中、給油で立寄ったバンコク（タイ）は、約半年振りでしたが、全く新しい空港ビルになっており、余りの立派さに驚きました。タイの国力に比例していないような広く大きいビルになっています。今まで薄暗い、狭い、暑苦しい、ゴチャゴチャした待合室でしたが、クーラーが程よく効き、ゆったりと買物も出来、また休む所もあり、見違えるようでした。日本の大阪、成田も拡張計画が頓挫している状態ですから。またいつか、一緒にタイ旅行する時があるでしょう。次に帰国する時、もし大韓航空に乗っても、バンコクには立寄らないのが残念です。記念として小さなぐい飲み（錫製）を一個だけ買いました。十USドル。

　雨季が早く来ているかと思っていたリビアは、今最高に良い気候になっています。雨も九月初めから全く降らず、連日快晴が続いているようで、朝夕は少しヒンヤリする程度で、昼間もサラリとした感じで少々暑い程度です。

　しばらく日本にいただけで、リビアに戻って見ると、太陽の明るさがまるっきり違うのが改めて判ります。昨日、海岸に出て地中海を見ると、空が澄み切って飽くまで青い為か、海の色は濃紺で素晴らしく綺麗な海に見えました。自然がそのままある感じです。

　さて、十月十四日出発の日、わざわざ空港まで来てくれた父母をはじめ皆さん元気ですか。僅か三週間現場を留守にしていただけですが、リビア人、インド人、バングラデシュ人、マレーシア人等会う人毎に、日本で久し振りに会ったファミリー、奥さん、お父さん、お母さんは元気だったかと口を揃えて訊ねます。みんな元気だったと返事すると、それは良かったと握手します。単なる挨拶上の決まり文句とは思えないような気持ちを込めて話しかけて来ます。一方、日本人は、日本の気候はどうであったか、会社で変わった事はなかったかとか、どこかに旅行したかとは訊ねますが、家族はどう、元気であったかとは訊ねる人は居ません。民族性と言うか、ハッキリした違いがあるようです。

大阪空港で買った水性ボールペン三本、客先と下請け（三星建設）と松浦君に一本ずつ配り、大変喜ばれました。また、名谷《みょうだに》で買った三種の筆記用具はマレーシア人のミスター・オングにやりましたが、こんなのが欲しかったと礼を言っていました。

松浦君は十一月三十日から約三週間、奥さんと子供二人を連れ、スペインの田舎に行く予定で、今から楽しみにしています。

現場に戻ったばかりで、取り立てて書くことは有りませんが、やはり留守中の仕事が山積しており、これから落着いて取組み処理して行きます。

先ずは安着の報告のみにて……。

【付　記】

休暇後会った外国人との挨拶を記しているが、この時に限らず、過去どの休暇を終えてリビアに戻っても、同じ様な挨拶があった。裏を返せば、彼ら（リビア人を除く）も単身赴任しており、絶えず留守家族の事が気になっているのは同様なのだと感じた。日本人はわざとその話題は避けているのか？　何故なのであろう。

49　友人の動向と前上司の出向

昭和六十二年（一九八七）十一月四日

今日はモハメッドの誕生日で休日です。十一月一日もアルジェリアの独立記念日とかで休日になる可能性があり、前日による十時頃まで、その決定を待っていたのですが、結局平日通りの出勤日になりました。

十一月に入り、朝はめっきり涼しくなり寒いくらいですが、日中は半袖シャツで充分です。一昨日は俄雨《にわかあめ》が有り、愈々雨季の到来かと感じています。十月十六日に加古川に上陸した台風、風も雨も大したことなく結構でした。当地には、前日までの新聞が届いており、〝近畿直撃の予定〟と大きく報道されていたため一寸心配していました。

金龍閣のお得意さんになったようですね。会員になるか、回数券を買ったらどうですか。ソゴウに行くのなら〝出石そば〟にもいったらどうですか。ソバに限らず何でもある筈です。

松山君から生鮭が送られてきたとの事、京都で彼に会った時は殆ど一切を山村君が世話したのに、わざわざ、そんな物を送るなんて律儀な奴ですね。また、来年の夏にでも北海道に貴方と行った時、何か土産を持って行きましょう。料理法の一つとして、生の鮭の刺身をそのまま弱冷凍し、一般の刺身と同様に食べる〝ルイベ〟というのが有りますが、奥さんは話をしていなかったですか。彼には当地より手紙を出しておきます。

新聞によると、松蔭大よりミス日本が選ばれたようですね。三回生か四回生と記してありました。華子もそれに刺激されたのではないですか。女子大の学園祭とは、どんな事をするのでしょう。貴方も覗きに行くのですか。

松山閣では松茸の土瓶蒸しが出たとか、今年は松茸の当り年で価格も安いのではないですか。京都のああゆう名所はいつ行っても、昔のままという感じがします。

十一月二日、チューリッヒ（スイス）より高山君が便りをくれました。十月十六日に日本を発ち、パリで約一週間展示会に会社が出展、商談した後ミラノ（イタリア）チューリッヒ（スイス）シュツットガルト（西ドイツ）、レスター（イギリス）、香港と廻り、十月三十一日に日本に帰国すると言うハードな旅行だったようです。チューリッヒはミラノからシュツットガルトに向かう途中の土日の休日を過ごすために立寄ったとの事、大阪で会った時、話をしたホテル（先般の帰国休暇の時、私が泊まったチューリッヒのホテル）にわざわざ泊まり、そのホテルの便箋と封筒を使って近況を述べていました。ヨーロッパは暖冬で、彼の商売である冬物の衣料を編む機械や針も思うように売れないとボヤいています。ホテル代が高いのにも苦労しているようです。ともあれ、元気で活躍していて結構です。

未だ当地に社報が届いていないのですが、情報によると、久保山さんはこの十一月一日付で東亜を離れ、出向社員として東京のとある設計会社に行かれる事になったようです。帰国時に会った様子から、何かあるとは思っていましたが、その事、ご本人の口から聞けず残念でした。もっとも、十月十四日私が日本を発つ前日、京都から直接会社に出て帰る時「何処かで一杯どうですか」と声を掛けられたが、前夜眠らずに山藤君や松山君と話をしていたので、断った経緯があり、今思えば、その時何かと話をされる心算だったのかも知れません。

東亜は東京の門前仲町に二百室以上ある管理職者の単身赴任用寮を新築し、この四月から運営しているようですが、その寮に家族と離れて居住されるようです。それにしても、その二百室がたちまち満室になったとの事、いかに東京で単身赴任する管理職が多いかが判ります。

久保山さんが、その設計会社にどういうポストで出向され、どんな仕事をされるのか、また知らせてくると思いますが、五十五歳になるまでは東亜に籍があり、その後はその会社の人間になるというのが、他の例から見た行く末です。ご健闘を祈ります。

一度リビア当地に〝文藝春秋〟を送る事試してくれませんか。神戸の丸善かジュンク堂に行き、宛先を伝えて“Printed Matter”として送らせれば、それほど航空便代も高くないと思います。本用の封筒は本屋が持っていますので、送る事を依頼するだけで良いと思います。都合の良いとき、手続きしてみて下さい。送料もほどほどで、キチンとこちらに届くようでしたら、今後も利用したいと思います。

【付 記】

「金龍閣」は神戸三宮の中華料理店、母が気に入って何時も行く店。

山藤君・松山君・山村君・高山君は私の小・中学校以来の友人達、帰国休暇時には必ず何処かで会って歓談する仲間で、過去もリビアまで色々な便りをくれており、妻にも手紙で報告していたが、今までの本稿ではすべて省略してきた。ここで、その一例を記述している。

第二節　他社のキャンプは？

50　オーストリアの会社に招かれた夕食

昭和六十二年（一九八七）十一月二十日

十一月に入り、雨季が本格化しています。このところ毎日俄雨があります。朝、雲一つない青空の上天気でも、いつの間にか雨雲が流れて来、ザッーと大粒の雨が降り、また晴れると言う具合です。ここでは流れ雨という現象もあり、上空は晴れているのに離れた所で降った雨が、強風に流されてザッーと来る事もあります。朝方、太陽が昇り始める頃、隣地で雨が降ると大きな半円（四分の一や六分の一ではなく二分の一）の虹が懸かります。これは地平線が見えるためです。

先日の金曜日、休日でしたが、キャンプで管理職会議がありました。その前に、何とか天気は大丈夫として洗濯物を干していたのですが、会議中俄《にわ》かに雨が降り、折角乾きかけていたのにずぶ濡れになると言う事がありました。今はまだ濡れるだけで良いのですが、もう少ししてギブリ（熱砂風）が吹いている時、雨が降ると、泥雨になるため、洗濯物は茶色に染まります。

今日も休日、洗濯して外に干すのはアブナイと空模様を読み、部屋のロープに陰干しにして、この手紙を書き始めましたが、今、窓から見る空は、白い雲がポカリポカリと浮いた程度で、あとは澄み切った青空になっています。天気の変化が非常に早い感じです。時々夜中、屋根を打つ雨音で眼が覚める事があります。またその内、一天俄かにかき曇り、地響きを伴う雷鳴と稲光の中で、車軸を流すような大雨が二時間程降るというリビアならではの天気も有るでしょう。

さて、雨の事ばかりを記しましたが、お元気ですか。日本は天気の安定した十一月、秋晴れが続いている事でしょう。もう紅葉狩りには行きましたか。それとも、また、金龍閣ですか。

札幌の松山君には十一月八日付で礼状を出しておきました。久保山さんの件十一月一日付で、東京の山下設計㈱に出向された事を社報で正式に知りました。ご本人から何の連絡もありませんが、もう東京・門前仲町の東亜管理職用単身寮から新しい職場に通っておられる事でしょう。聞くところによると割合大きな設計コンサルタント会社のようで、多分部長クラスとして勤められるものと思います。

仕事の方、毎日何か新しい問題が発生し、その処理に追われているような状態で、忙しくしています。十日程前、シンガポールから新しい部下三名が到着しました。彼等はある限られた職種の熟練工で、専門的技能が必要な手直し工事に従事させるため、七月頃に採用していたのが、ビザ取得に手間取り遅れて着任したものです。近い内にもう一名が来る事になっています。

松浦君も漸く仕事に慣れ、バリバリと働いてくれていますが、十一月三十日から十二月十七日まで家族と共にスペインに行く予定です。マドリッドに一寸寄り、アンダルシア地方で一週間、バルセロナで一週間過ごすとか、約百万円の費用が要るそうで、半年分の現地手当が無くなるとぼやきながらも心待ちにしています。

彼の留守中、益々忙しくなるでしょうが、マレーシア人の技術者（ミスター・オング、この仕事を終えた後、アメリカ・オクラホマ大学の大学院に留学する事を予定している）を巧く使って、切り抜けたいと考えています。まあここでの仕事に退屈を感じた時が私の帰国するときと思っていますが、当分、その気配はないようで、忙しい忙しいと言いながら、月日だけは飛ぶように過ぎてゆく感じです。こんな毎日ですが、昨夜は次のようなこともありました。

このプロジェクトには多くのヨーロッパ勢も参加して居ますが、その中の一社、フェースト・アルピネ社というオーストリアの半国営製鉄会社より東亜に夕食の招待があり、新座所長と管理職六名、それに平山君と奥さん（この二人は、昨日、日本から休暇を終えてリビアに帰ってきたばかり。奥さんは元日本航空のスチュワーデス）の九名が出席しました。場所は、東亜のキャンプ地より更に奥に一キロ程入った所にあるフェースト社のキャンプ内のクラブハウスでした。

クラブハウスと言っても、夕食をご馳走になったレストラン、コーヒーバー、談話室、玉突室、卓球室、子供用遊具を置いている部屋、それに二レーンのボウリング場まで有る立派なもので、フェースト社の社員のみが利用できる施設です。

レストランは、天井照明にも気を配っており、卓上にはキャンドルサービス（五本一組が三組）

がしてありました。相手側は、フェースト社のハイリス所長（三十八歳の工学博士）以下主だった社員とその奥さん方、十四名が出席してくれました。

料理は、ビッター・ジュース（アルコール分の無い苦味酒）で乾杯のあと、さつま揚げを団子にしたようなものの入ったスープに始まって、サラダ盛合せ、ビーフカツレツに似たメインディッシュ、ジャムを包んだべた焼きの薄いもの（何と言う名か忘れた）、コーヒーまでのフルコースでした。七時半から九時半ほどの間のディナーパーティでしたが、ボーイはどうもフィリピン人のようで、白い服を着て給仕していました。私の隣には、副所長格の人の三十過ぎの美人の奥さんが座っていましたので、何かと雑談していたのですが、日本料理を食べた事があるかと質問したのに対し、リンツ（オーストリアの都市、彼等の本社のある所）には中国料理店が二軒あり、食べた事が有る。日本料理も中国料理も全く同じだろうと言ったのには驚きました。それを聞いて、隣の主人が慌てて、ウイーンには二〜三軒の日本料理店があるが、リンツには無く、彼女は食べた事が無いと訂正していました。

その時、別の人が、日本では猛毒のある魚「ふぐ」を食べるらしいが、調理には特別な免許が必要なため、二〜三軒の店でしか食べられないと本で読んだが本当か。また、その味はどうだと質問が出て、新座さんが、神戸ですら何十軒もの店でふぐは食べられる。そんな危険なものではなく、美味しいものだと説明したりして、一寸した事でも、遠く離れた国では誤解があるものだと感じました。

残念ながらオーストリアには行った事がなく、彼等の国を話題に出来なかった。彼等は、小さな国だから、知らなくても無理はないと謙遜していましたが。

夕食の後、ボウリング場に行き、二十三名が四組に分かれて対抗ゲームをしました。四色に塗り分けたカードを袋から取出し、バラバラで組合わせる。唯、ここのボウリングは一寸変わっている。

ボール……直径約十五センチと小さく、孔無しと孔ありがあるが、孔は二つしかない。

ピン……九本（日本のボウリングは十本）

レーン……長さやや短く、両側にガター無し、但し、中央に幅約三十センチの数ミリ高くなった帯があり、外れると上に上らない。

競技法……一人が連続十回ボールを投げる。

点数……投球毎に、倒れたピンの数を十回分合計する。（一人が二回ずつ投げて点数を出す日本のものと違う）

二ゲームやった結果、私の成績は二十七点と三十八点の合計五十五点と全員の中位の出来でした。やる前は、これは簡単、ストライクも取れると高《たか》を括ったものですが、意外に難しく、全員で、九本が同時に倒れるストライクは僅か三回しか出ていません。通常、素人の競技会では二ゲームで一二〇点取れれば優勝争いに参加できると言っていました。因みに、この日の最高得点は一〇八点でした。日本のボウリングの説明もしたのですが、彼等は、それを〝ボウリングと呼んでいるのか〟と怪訝《けげん》な顔をしていました。尚、このボウリングマシンはスイス製でしたから、ヨーロッパではこの方式が一般的なのかもしれません。結局、総平均点で、東亜側が優り（相手は女性が入っていたので低かった？）トロフィーを貰って帰りました。キャンプに帰ったら午後十一時二十分、忙しい日頃の仕事を忘れて一時の息抜きが出来ました。

それにしても、ここがリビアかと疑うような豊かな施設を持った彼等のキャンプと東亜のそれを比べて、認識を新たにしたものです。

もう直ぐ昼食、金曜日はカレーライス、今日は何カレー（毎週異なる）が出るのでしょうか。この頃、食後の果物として出るオレンジが美味しくなって来ました。もう直ぐ柘榴《ざくろ》も出てくると思います。

【付　記】

ミスラタ製鉄プロジェクトに関わっている業者で日本を始め韓国・マレーシアなどのアジア勢は単身赴任が基本であるが、オーストリア・ドイツ・イタリアなどの欧州勢は家族を伴って赴任し、それぞれのキャンプの家族棟に居住している。その家族棟も東亜の単身赴任者用のプレハブ棟や家族棟とレベルが異なる本格的な立派な建物で驚いた。

リビアから欧州各国は添付の地図を見ても距離的に近く、交通費や運搬費だけでなく全ての面で費用が安く、キャンプなどの仮設費を惜しむ必要性が少ないという事で、日本が競り合うのは難しいと思う。

51　熱砂風・最近読んだ本

昭和六十二年（一九八七）十一月二十七日

日本では何かと行事が沢山あり、変化に富んでいるようですね。とても退屈する閑は無いと思います。同じ棟でラジオ日本を聞いている人が昨日も言っていましたが、便りの通り、日本は暖冬気味でぽかぽかした日和が続いて結構と思います。不景気（国内需要の向上で、それ程でもないかも知れませんが）な日本、せめて暖房費でも節約できて、トータルでは大きな違いになるでしょう。

久保山さんからは何も言って来られませんか。転勤後、そろそろ一ヵ月、落着かれて何か連絡があるものと考えていますが、現地にも音沙汰有りません。

年賀状は一切要りません。貴方の親戚ぐらいは事情を伝えて出しておいて下さい。私の方は帰国後、年賀状の来た人に対し、暑中（今から来年の話をするのも変ですが）見舞でも出すつもりです。

年末調整の書類は会社より送られてくると思いますが、会社で入っている保険関係分は既に記載されている筈で、その分だけで控除対象限度額に近いと思いますから、自宅で掛けている分を一寸足せば充分と考えます。

東京に続き、京阪神の土地も高騰していますね。特に阪神間は凄いと思います。苦楽園《くらくえん》辺りもその内に入るでしょう。神戸の西方、高倉台より西または西北は、供給過剰で殆ど公示価格は変わらないようですが、先日、当地の新聞で見たら、高倉台一丁目で、一九五平方メートル（土地）、一一二平方メートル（住宅床面積）、築十年ぐらいの家が五二〇〇万円で出ていました。やはり高倉台の実勢価格（実際に取引された価格が相場となって決まる売買価格）は、公示価格と異なり、年々高くなっているようです。もう、余り他所の家を見て羨むのは止めましょう。東京では、持家を持つ事を諦めた人が随分増えているそうですから。サラリーマンで芦屋の六麓荘《ろくろくそう》に家を建てる人はまず、いないでしょう。

　先日来、当地は朝の最低気温が五〜六度迄下がるという真冬を思わせるような寒い日が続きました。一昨日、それが一変して、むっとするような生温かさになったと思ったら、今冬最初のギブリ（熱砂風）でした。ここからそう遠くない南方にあるリビア砂漠の砂が空一面を覆って、一日中太陽が見えず、曇天のような感じで、昼間は汗が出るくらいに蒸し暑くなりました。幸い風が弱いため、嵐のような、眼を明けて居られないという状態ではなかった。そのギブリが地中海上に去りつつあった昨日の朝、ラジオ体操をする頃日の出になるのですが、その日の出は見事な程真っ白で、まるで満月が出て来た感じで、リビアに最近赴任してきた人々は驚きながら見ていました。このギブリも、今後、何回か本格的なものが到来することでしょう。

　城崎温泉はどうでしたか。昨年の今頃は、三朝《みささ》温泉に行き、中国山脈の峠で初雪に遭ったのが思い出されます。早や一年が経ちました。

　読書の方、十月の再赴任以後二十冊目を読んでいます。三月以来では八十五冊目、リビアで読んだ本では二八〇冊目ぐらいです。

最近読んだ本から何冊か掲げると、
①新・ニューヨークの日本人 本田靖春著　講談社文庫
②無宿人別帳　松本清張著　角川書店
③眠狂四郎殺法帖（上・下）　柴田錬三郎著　新潮社
④花埋み　渡辺淳一著　角川書店
この「花埋み」は日本最初の女医、荻野吟子《おぎのぎんこ》の一生を描いたもので、なかなか読み応えがありました。

今読んでいるのは、新田次郎著「からかご大名」新潮文庫で、十の短編をまとめたものですが、割合面白そうです。

来週から松浦君が休暇に入るため、大忙しになると思います。その忙しさが一段落したら、もう今年も終わり、そして一九八八年です。

【付　記】
日本の不動産バブルが、今凄い状態だとリビアにいて感じた。

第三節　航空機事故の影響

52　大韓航空機の使用中止

昭和六十二年（一九八七）十二月十一日

愈々師走に入り、もう半ばになりました。

今年も暮れようとしています。

十一月十一日発送の「文藝春秋」十二月二日に届きました。こういう本は全てリビアの税関で中を改めるらしく、封筒はボロボロでしたが、本そのものは綺麗な状態でした。定価五八〇円の本に二〇二〇円の送料とは一寸高い感じがしますが、航空便は一キロ当り約六千円する筈ですから、当然なのかも知れません。何より新しい本が手元に届くのは嬉しいものです。もう一度、八八年一月号を送って下さい。周りの人に聞いてみると、文庫本を数冊ずつ送って貰っている人も居ります。それでも送料は千円以上のようです。

先日の連続航空機事故、日本では大変なニュースとなっている事でしょう。未だ新聞が届かないので詳しい事はわかりませんが、「ラジオ日本」の放送や本社からのテレックスニュースである程度は知っています。

十一月二十八日の南ア航空の事故、四十七名の日本人が乗っていたとの事、それも大多数が日本水産の遠洋漁業に携わり、船を現地に浮かべたまま、人間だけが日本との間を往復して操業すると言うシステムですね。当人達の不幸は不幸として、日本の漁業のあり方が浮き彫りにされたようです。魚が高いのも頷けます。そんな高価な魚を日本人は食卓に載せられるという経済力を持っているという事も言えそうです。他の国では考えられない事です。

一方、十一月二十九日の大韓航空機の事故は、会社指定の帰国ルートの内、アブダビ↓バンコク↓ソウルは、ここトリポリから出発する便と全く同じルートになるため、ミスラタキャンプの大きな話題になりました。早速神戸本社から指示が出て、今後八八年一月末までの間、大韓航空は使用しないことになりました。代わりは、チューリッヒ経由のスイス航空か、ロンドン経由の英国航空です。

日本赤軍か北朝鮮が絡んでいるという話もありますが、その後はどうなっていますか。何れにしろ、近く行われる韓国大統領選挙も関係しているようで、これが落着く八八年一月末迄と言うのが会社の配慮です。

事故機が飛び立ったイラクでは韓国の建設業者が大きなプロジェクトを幾つも手懸けており、当地ミスラタにもいる現代建設、大宇建設、それに当社の下請けの三星建設のワーカーやスタッフが乗客の殆どを占めていたようです。三星から聞くところによると、犠牲者のスタッフの一人はイラクの現場で火事に遭い、他の一人は焼死したが、火傷を負いながら助かった一人であったらしく、現場で働けないので帰国する途中だったようです。ご本人にとっては、二重の事故という不幸なことでした。

現代《ヒュンダイ》建設の副所長や大宇建設のリビア・トリポリ支社長も乗っていたようです。

十二月八日ボーナスの明細が届きました。写しは家の方にも送られていると思います。夏期分と同じと予想していましたが「特別協力金」という名目の追加分が可なり多く入っており、また、税金も多少少なくて済んだようで、一寸気分が良くなりました。海外勤務の苦労代と言うことで、査定を上げてくれたのかも知れません。

貴方の方はどうでしたか。特にもう纏まった物を買う事も無いと思いますが、ビデオデッキはそろそろ買い時かも知れません。その内、テレビも買い換える時機と思いますのでビデオを買うなら良い物を選んで下さい。妙法寺の駅前にも専門店があるし、高倉台のゴルフ練習場の近くに出来た本屋も半分はビデオ屋ですね。

キャンプの娯楽室にあるテレビ、勿論ビデオを見るための物ですが、とうとう調子がおかしくなり、まともに見られなくなりました。年末年始、日本からのビデオを楽しみにしていたのに残念です。ミスラタの町ではもう以前のように電気製品は買えなくなっています。みんなガッカリしていますが、直ぐにはどうしようもなく、いずれ船で送って貰うしかないようです。

今度の元旦は金曜日ですが、十二月三十一日まで働き、また一月二日より仕事始めですから、全く平常の週と変わらない正月になります。リビアで迎える三回目の正月、数の子と鮭の切身、紅白のカマボコ、それに雑煮という献立は確保できそうです。

鮭で思い出しましたが、ある本を読んで初めて知りました。というのは、スジコとイクラの区別です。どちらも鮭の卵には違いないのですが、北太平洋で育って日本（日本でなくても構わないのですが）の河に卵を生みに移動している途中、沖で獲った鮭の腹にある卵がスジコで、まだ十分成熟していないため繋がっている物を指す。また、河に入り卵を生む寸前に獲った鮭の卵は、成熟しているため、一つずつばらばらになっている。これをイクラという。というものです。沖で獲れた鮭は銀色で、また十分脂肪が付いており高価ですが、河で獲れたものは、昔は卵だけ取り、魚本体は捨てていた程価値の低い物だそうです。これを別名「ホッチャレ」と呼ぶそうです。近年養殖が盛んになり安い鮭が出回っていますが、ウロコが銀色のものを選びましょう。

現在、三浦君が休暇中で大忙しですが、至って元気にしております故、ご安心下さい。

では、良い新年を迎えて下さい。

【付　記】

五八〇円の雑誌の送料が二千円以上、ちょっと馬鹿らしいが、新しい本に飢えていたから、その後も続けて送って貰っていた。

この時の冬期分賞与は、調整給一八万八〇〇〇円が加わり、合計一四四万八〇〇〇円であった。現在換算で一八〇〇万円程度か。

53　円高で、目減り激しい現地手当

昭和六十二年（一九八七）十二月十八日

十二月七日投函の手紙、十二月十六日に届きました。当方より送った第三便（十一月二十日付）、第四便（十一月二十七日付）、第五便（十二月十一日付）は届いていますか。この便りは第六便です。どうも第三便は行方不明になっているようですね。

東京方面で可なり大きい地震があり、死者もでたとか、その内起きると言っていた地震でしたが、被害はたいしたこと無かったですか。（十二月十六日）

円高は遂に一二〇円台に入ったようです。ドル払いで受ける現地手当の目減りが深刻です。産業界も対応に苦慮していることでしょう。

韓国大統領選挙、予想に反して与党の人が推挙されたとの事、余り政治路線は変わらないだろうと、当地に居る韓国人は一寸がっかりしています。反対派はこのままでは済まないようです。一波

乱ありそうです。金大中氏は韓国人に言わせると、それほど人気はなく、偏った地方にのみ支持者が居ると言っています。

十二月二日に初雪が有った事、新聞でも知りました。昨年、十一月末に三朝温泉に行った時、中国山脈の峠を越えるとき初雪が降りましたね。先便に記しましたが、文藝春秋十二月号十二月二日に無事届いています。また、折を見て送って下さい。

先日、本社・土建技術部の若い者から、私と松浦君宛でクリスマスカードが届きました。六〜七人のリビア赴任経験者ばかりが一言ずつコメントを付けてくれています。

貴方の手紙に書いてある東亜グッズ㈱も本社より分離された子会社の一つですが、衣料品まで手懸けるようになりましたか。半額とは安いですね。その体育館のロビーに本屋があったと思いますが、その本屋も東亜グッズ㈱の経営で、新刊本が一〇《パーセント》引きで買えます。

円高の影響で、日本は世界一の高賃金国、そして世界一人《ひとり》当り貯蓄額の高い国になっています。それだけ見れば世界一豊かな国かと想像（特に外国人はそう思う）されるのですが、実態は違いますね。たしかに、日本には何でも有ります。物資が溢れかえっており、人々は欲しい物を何でも手に入れられるように見受けますが、衣食住の内、衣と食が満足されているだけで、住はまだまだ不満足な状態です。土地の高さは言うに及ばず、家そのものも、坪当り七〇万円と言うのは高過ぎます。食も家で食べる分は、それ程高いとは思わない（牛肉等の輸入規制品は別）が、外食は世界レベルで見ると可なり高いようです。一言で言うと、日本の流通機構に無駄な部分があり、単にその部分にいる人の手を経るだけで、価格が積み上がっているようです。全く労せずに濡れ手で粟《あわ》の儲けをしている者が多いと言うことです。

衣類を半額で提供できるルートを掴んだ東亜グッズ㈱に拍手を送ります。今後の日本の課題は、社会資本（道路、公園、公共利用設備等）の充実と、流通機構の簡素化、及び各種規制の撤廃でしょう。まだまだ世界一豊かな国にはなれません。

十一月三十日からスペインに休暇で行っていた松浦君、昨日（十二月十七日）に無事帰って来ました。本日（十二月十八日金曜日）先程、私の部屋に白ズキンちゃん姿の二人の娘を連れ、上の子が満四歳になったお祝いのケーキを一切れ持ってきてくれました。私はクリスマス気分です。

彼の留守中、周囲の人が気に掛けるほど、私は大忙しでしたから、明日からは、少しゆっくりさせて貰おうかと思っていますが、どうなりますか？

この手紙が着く頃は、本当に今年も終わりです。体に気を付けて良い年を迎えてください。

【付　記】

米ドルで月額一九〇〇ドル程支給される現地手当が、その頃の円高の進行で大きな目減りが生じていた。最初の赴任時（昭和五十七年）の管理職としての現地手当は一七〇〇ドル程度で、この数年間余り変化は無かったが、レートは二四〇円程度であったため、その時と比べてほぼ半減に近かった。

行方不明と思っていた第三便（十一月二十日付）は、その後、無事届いていることが判った。

54　三度目の年末年始

昭和六十二年（一九八七）十二月二十八日

一九八八年、あけましておめでとうございます。本年もよろしくお願いします。

皆様、お変わりなく、お元気で新年を迎えられている事と思います。幸便を得て一筆取り急ぎ認めます。

十二月十五日投函の「文藝春秋」新年特別号、本日（十二月二十八日）無事届きました。

十二月二十五日恒例の餅つき大会があり、亀山、餡入餅、おろし餅、海苔巻餅にして五十キロの米を消費しました。トリポリから日本人会、キャンプから西独やオーストリアの人も見物に来て、一緒に楽しんで居りました。

本日は当キャンプ恒例の年末ジャンボ宝くじの発売日、抽選日は十二月三十一日です。二十枚（一枚半ＬＤ）買いました。一等は一五〇ＬＤ（約七万五〇〇〇円）です。十二月三十一日は年末演芸大会があり、何もしない心算ですが、応援団として羽織袴姿で鉦《かね》や太鼓を叩く役が回って来ています。

元旦が金曜日になるため、急遽、一月二日（土）も休みにする事が決まりました。元日の早朝には、砂漠に行く初日の出観賞バスが予定されていますが、私は行かずに年越しソバを食べて寝る予定です。

三星《サムソン》建設のミスター・リーからクリスマスプレゼントとして「高麗人参精」という桐の箱に納められた小さな黒い壺入りの朝鮮人参のエキスを貰いました。一般によくある粉末や顆粒状の物ではなく、水飴のような液体です。随分高価なものと思います。以来、毎晩寝る前に、湯で一、二杯の耳かき程度のスプーンの量を薄めて飲んで居ります。散髪屋（バングラデシュ人）に言わせるとクオーター（四分の一）は白髪になっていると言っている私の髪が黒く戻るかも知れません。

読書の方、大晦日中に百冊にするよう考えています。現在、九十九冊目、今まで書架に有るのを横目で見ていた、池波正太郎の「鬼平犯科帳」に手を付けました。全部で十五巻程ここにあります。今、四冊目です。

先日の宇治行き、どうでしたか。御両親ともお元気でしたか。また、正月には訪れるのでしょう。宜しくお伝え下さい。

（追伸）～先便でキャンプのテレビが駄目になったと書きましたが、オーストリアまで来られた東田室長が、会議の内容から急に本社に帰る事になり、当地ミスラタに来られるのは中止となりました。そのためか、当事務所の山腰課長がオーストリアからの帰途、二十五吋《インチ》の西独製テレビをお土産として持って帰り、実に鮮明な画像で、キャンプの皆は大喜びです。

一月中には、いつ頃帰るか明確になる予定です。出来るだけ早く帰るつもりです。決まり次第連絡します。

【付　記】

幸便があったので、年末に正月の挨拶を記した手紙を出した。

リビアでの三度目の年末年始、さすがに新鮮味が無く、控え目に過ごそうとしているように見える。一方、読書は精力的にこなしているようだ。

第四節　帰国予定が見えてきた

55　年末年始の様子報告

昭和六十三年（一九八八）一月二十一日

当方、軽い鼻風邪が治らず、一寸調子を崩していますが、至って元気で居ります。
当地、今月の八日から九日の昼過ぎまで、全く連続の豪雨が降り、現場は一面湖のようになりました。客先の都合で工事は完成している雨水用排水管の使用を許可していなかったためです。九日から十日にかけても断続的に強風を伴った集中的な雨があり、客の方もたまらず排水管の使用を許可しました。八日～九日の間、丸一日の雨量は、雨量計で測定出来ないほどの雨で、一〇〇～一二〇ミリ程降ったものと思われます。これは一九四五年ミスラタで観測した最大雨量七十八ミリ／日を上回る強い雨でした。

この雨のため、主工場棟の長さ約六〇〇メートル、幅約一八〇メートルの屋根の至る所から雨漏りが発生、客に報告書を出したり、手直し方法を検討する会議を客・コンサルタントと行ったりで大忙しでした。

その後、小雨はあったものの、ここしばらくは安定した晴天が続いており、一息ついて居ります。明日の休日も洗濯日和でしょう。

日本は、今寒中、暖冬とはいえ、今後もしばらくは厳しい寒さが続くことでしょう。雪不足でスキー場や民宿は困っているとか、日本全体で考えれば経済効果は相当なものでしょう。

文藝春秋二月号は一月十九日に無事届いています。文藝春秋は新しい日本の問題点、話題が豊富に盛込まれていて、当地のような所では楽しく読めます。有難うございました。読んだら直ぐ見せてくれと松浦君にせがまれています。

年末年始、そちらでは色々な事が有ったようで、忙しい中にも清々としている感じが伺えます。当方から十二月十七日付で華子と淳一宛に絵はがきを送りましたが、届いていますか。切手が大きく、はがきの半分は切手で占められているものです。

宇治からも十二月三十一日手紙が届きました。山村君からは年賀はがき、高山君からは一月十七日に手紙が着いています。

十二月三十一日大晦日、年末演芸大会は午後七時半から始まり、十一時過ぎまで延々と各種出し物が続き、盛況でした。娯楽委員会から出来るだけ多くの人に参加を呼びかけた時は、酒も無いのに、仕事も忙しいのに、何を演芸大会かと反対する人や消極的な人が大多数でしたが、過去数年間の年末毎の大会の内容を示す写真を食堂に貼り出し、先輩に負けずに頑張ろうと奮起を促した結果、強く反対していたグループ程、リハーサルも熱心にやり、本番では熱演が見られました。

やる気を起こせば、何でも出来るというのは全員の実感だったようです。

小生の応援団員振りは、特に記すこともありませんが、袴を着け、祭半纏《まつりばんてん》を着て、日の丸の鉢巻、日の丸の扇、それにバングラデシュ人より借りたバングラ楽器（タンバリンの縁だけのようなもの）を打ち鳴らしての応援でした。

年末ジャンボ宝くじは見事にハズレでしたが、そのあと、アセチレンガスのボンベを半切りにした鐘を一人一回ずつ順番に撞《つ》き、除夜の鐘としました。あとは、年越しソバ、油揚げと野菜の入ったソバで、美味しかったです。演芸大会を見に来ていた、トレーニング（操業指導）でイギリスから雇っていた先生方も一緒に食べていました。

日本恒例のＮＨＫ紅白歌合戦で、一九八七年は紅組が勝ったこと、当地の演芸大会開会の時、所長より皆に伝えられました。当地の十二月三十一日午後五時にラジオジャパンのニュースを聞いたからです。

当地の午後五時(十二月三十一日)は、日本時間で元旦の午前一時、紅白も終わり、「ゆく年、くる年」をやっている頃だからです。それにしても、大阪での紅白の視聴率は五〇㌫を下回って、最低だったとか、そろそろ曲がり角で、大衆の関心も多様化してきた証拠でしょう。

紅白歌合戦の模様、ビデオが届き見ましたが、やはりマンネリで続けて見る気にはなりません。

何をあそこまでハシャグ必要が有るのかと一寸冷ややかな目で考えると、浮ついた日本の奢《おご》りと映ります。円高で世界一の金持国となった日本、地に足を着けて、何をなすべきか、ジックリ取組む課題を見つける時と思います。

元旦の昼食に漸く雑煮が出ました。カマボコと数の子、それに鮭の切身も付き、正月らしい感じでした。が、その一食だけで、あとは通常食に戻り、以前と比べて一寸淋しいようです。キャンプの人数も増え、手荷物で日本から運べる食材の量に限度があるためでしょう。

現在一五〇名の日本人が居りますが、東亜製鋼以外の協力会社の人も多く、全員の融和、一体感が大切になっています。その一環として、オアシス運動というキャンペーンを実施中です。ここリビア・ミスラタは、古来、地中海沿岸のオアシスとして栄えた所です。

オ「お早う御座います」

ア「有難う御座います」

シ「失礼します」

ス「すみません」

……と、お互い挨拶しよう！　という運動で、神戸製鉄所（工場）から来ている人達が、日本の工場で常日頃やっている事を、ここでもやろうと言う考えから提案したようです。所長（新座さん）が、例の調子でキャンプや現場事務所で、大声を上げて唱えています。立花課長（生年月日が私と同じ人）も、小柄な身体を忘れる如く、大きい声で皆に「お早う！」と呼びかけています。

若い人ほど挨拶しない傾向があるのは国内と同様で、特に協力会社の人は、若い人が多いため、比較的ベテランを揃えている東亜の人間が注意を喚起するため、わざわざ、「運動」という形にせざるを得なくなったのが実態でしょう。他社（東亜以外の海外プロジェクト）の現場を経験した人の話では、他社の場合、その会社の人間と協力会社の人間は、完全に区別して、キャンプの部屋まで違うとか、当社の場合、初代の所長・曾我さんの方針で、一切、分け隔てをしない事にしているのが却って悪いのかも知れません。会社が違うというのは、ベースがやはり異なるからでしょう。

明日（一月二十二日）は、また棟別対抗ソフトボール大会が開かれ、一月二十九日に優勝チームが生まれます。これも融和策の一環です。

そんな中で、先日（一月十五日）トリポリの日本大使公館で開かれた在リビア日本人会の新年宴会に行って来ました。当現場からは管理職八人が招かれ、片道三時間半、マイクロバスに乗って日帰りでした。

田中大使は、日本に帰国中で、代わりに四宮公使が挨拶され、今年から日本人会の会長になった丸紅のトリポリ支店長・飯田さんが続いて話をされ、宴会が始まりました。出席者数は七十〜八十人くらいでした。

丁度五年前、一九八三年の新年宴会に出た事がありますが、その時と比べて、形式はどちらも公館の大理石を張り詰めた広間での立食パーティですが、料理の内容は、以前の方が上だったと思います。五年前の時は、ミスラタの東亜キャンプよりコックが二人、前日から応援に行って下拵《したごしら》えを行い、雑煮やぜんざいも出たのですが、今回は無しです。また、酒も日本酒、ウイスキー、ビールが充分に有ったのに、今回はウイスキーだけ、しかもサントリーオールドでなく、角瓶と一段低くなっています。以前は商社の奥さん連中が手伝い、給仕をしており、また、和服姿も多かったのですが、今回は殆ど全員が洋服で、給仕も大使館の大久保参事官が、自らお盆の上に水割りウイスキーを載せて、客の間を配って回るという有様、時代の変化が確実にあるようです。

それでも、左右一対のままぶつ切りにした数の子の山盛り、アラブ圏では絶対に食べられない豚肉のハム、スモークドサーモン等があり、水割り三杯で良い気分になり、満天の星を見上げながら、ミスラタに帰りました。八人の内五人は今回が初めて、アルコールが出ているのに驚いていました。

七G会議の結果、ドル安を一定限度で抑えようと話合いが付き、円高に歯止めがかかりそうです。これを受けて、不安要素の大きかった株価も高値安定に向かいつつあるのではないですか。「金《きん》」は、今や世界の生産量の四分の一以上が毎年日本に流れ込んでおり、余り値動きは望まれません。一般に言われている日本の金余り現象から、むしろ安くなる傾向も見えているようです。

家のローンを一挙に返して、一部増改築する事も計画しています。まあ、いずれにしても帰国してからの事です。火災保険が間もなく切れます。更新して下さい。

さて、帰国の時期についてですが、仕事の上で、まだまだ不透明な部分があり、明確に決定するに至っていませんが、一応三月十五日（火）出発で、三月二十日（日）日本着と計画しています。チケットの手配は完了しました。

新座所長は、もう少し居てくれと渋っていますし、松浦君もその後に不安を感じているようですから、私がいなくては出来ない、進まない仕事に重点を置き、順次計画した如く処理しつつあります。とは言っても、うるさい客先を相手にしながらのため、思うように捗《はかど》るとは限りません。もう少し経って、見極める心算です。
帰国ルートは、三月になっても、やはり大韓航空は利用しないという方針で、二つの北廻りルートが有ります。一つはトリポリよりマルタ島（ヴァレッタ）に行き、そこで一泊、翌日、ＢＡ（英国航空）でロンドン経由、成田↓大阪というルートです。もう一つは、従来通り、トリポリ↓チューリッヒ（スイス）↓成田↓大阪です。色々考えて、結局、今の計画では……
3／15（火）トリポリ↓チューリッヒ（スイス）泊・スイスは雪がいっぱいでしょう。
3／16（水）チューリッヒ↓リスボン（ポルトガル）泊・この間約三時間四十分もかかる。
3／17（木）リスボン滞在泊
3／18（金）リスボン↓チューリッヒ泊・夜スイス着
3／19（土）チューリッヒ発↓機中泊（スイス航空）
3／20（日）↓成田↓大阪（夕方）
としています。チューリッヒからイスタンブール（トルコ）に行くことも検討したのですが、飛行機便の都合から、リスボンに行く方が行った先で時間に余裕があるため、上記としました。ポルトガルは初めて行く国ですが、寒くて暗い冬の北ヨーロッパと違い、温暖であることと、リスボン郊外に十数年前に架けられた「サラザール橋」（四月二十五日橋）という世界有数の大吊橋を見ることを目的の一つとしています。また、ポルトガルの闘牛は、スペインやメキシコと異なり、牛を決して殺さないというのも心惹かれた理由です。残念ながら三月には闘牛は無さそうです。英語が通じない国ですから、どうなりますか？

ポルトガルのお土産は、金銀細工の装飾品、コルク製人形他、それに本場のポート（地名ポルト）ワインくらいです。

【付　記】

「国際航空時刻表」を見て帰国ルートをあれこれ検討する事は、色々な想像が掻き立てられ、何より楽しい事だった。ただ、振り返って見ても、当方の要望をそのまま実現する事は、その時々の社用も絡んで、なかなか難しかった。

その他は詳しく報告しているので、付け加えることは無い。

56　写真二枚送付

昭和六十三年（一九八八）一月二十五日

幸便を得て、取急ぎ便りを出します。

文藝春秋二月号は一月二十一日に受領しました。この度は、中のグラビアも破られておらず無事でした。北米では大寒波が襲っているのに、日本は暖冬気味とか、結構なことです。当方も、ここしばらく朝晩はかなり冷え込む天候になっており、毛布と掛け布団を重ねて寝ています。夕焼けが素敵に綺麗です。また、月も星も一段と冴えわたって見えます。冬の象徴・オリオン座もクッキリしています。

帰国は、今のところ、三月十五日発で、三月二十日日本着と予定していますが、変更の可能性があります。

当地での写真が二枚有りますので、この便で送ります。普通郵便にすると、写真の場合抜き取られる恐れが有りますので……

一枚は六月二十三日撮影の古いものです。大勢で写していますが、これで当時の日本人の約半数です。土建の中田君の送別会に写したものです。左から三人目、白い歯を出して笑っているのが土建の松浦君です。中田君は中央前から三列目、座っている四人の内の左端です。私は、青い（紺色）シャツ姿で右手後方に居ります。

もう一枚は、十二月三十一日年末演芸会の時のスナップで、応援団の姿をしているでしょう。舞台の椅子に座っている左端が女装した松浦君です。その隣が、作業服で男装した元スチュワーデスの平出さん、空席をおいて、その右が、高倉台の直ぐ近く塩屋に、新築の家を買って直ぐ、奥さんと子供を連れてリビアに赴任した高井君の物凄い女装姿です。（八十五キロ・一七八センチ）

高井君一家は本日（一月二十五日）より休暇に入り、マルタ島経由でロンドンに行き、十八日間ほど滞在すると言っていました。マルタが元英国領ということからか、ロンドンに一週間以上滞在して、またマルタ島経由でトリポリに帰る旅客は、マルタ↑↓ロンドン間は、運賃七〇パーセント引きという超安値の割引があり、僅か二万～三万円の飛行機代らしいです。それが狙いと言って寒いロンドンで我慢することにしたとの事。彼は二年ほど日本に帰って居りません。（家族連れで赴任の場合、飛行機代は本人負担）

初詣は多井畑厄神さんではなかったのですか。一月十五日に、また父母が出かけたとの事、寒風の中をものともせず、散歩に出かける元気、結構です。風邪もひかれていないとか、私の方もよくなりました。

瀬戸大橋を渡っての四国路の旅、高山君からもお誘いがかかっています。四月十日が連絡橋の開通日ですね。遅くとも、それまでには帰ると思いますが、最初は何でも人が集中する日本の事、ホトボリが冷めてから行く方が賢明でしょう。

読書の方、現在一一〇冊で一休みです。

その他、詳しくは一月二十一日付で送った普通便を見て下さい。この手紙の方が早く着くと思います。

（追伸）

忙しさに紛れて、一週間前に書いた手紙を先に日本に帰国する人に渡す間が無かったため、改め

て今回（二月四日リビア発）の人に託します。少し古いものですが、我慢して下さい。（八八年二月三日）

【付　記】

写真は省略する。

リビアでの読書歴、昨年からの二回目の赴任中一一〇冊読んでいる。最初の赴任時が参考資料に示すように一九七冊であったから、既に三百冊に到達した。余暇の過ごし方が偏り選択の余地の少ないリビアでの勤務ならではの数字だと思う。

第五節　帰国後、新会社への出向の話

57　棒鋼試圧延の予定日・出向の会社

昭和六十三年（一九八八）二月十九日

二月も、あと早や十日余りで終わり三月に入ります。今のところ、三月十五日リビア発で帰国する予定は変わっていません。延び延びになっていた製鉄所初稼動の日、ようやくスペインから材料（ビレット）を載せた船が、今日或いは明日にミスラタ港に着きます。この材料を炉で真っ赤に熱して融かし、それをロールで延ばして鉄筋棒を製造するのですが、当社の工事で出来た工場設備で、この鉄筋棒試圧延（最初に機械設備が巧くいくかどうかを試すための操業・一般的に「赤通し」と言う）を行うのは、今の予想では早くて三月十日、遅くて三月十五日ぐらいとなっています。

その為、この工場の全ての仕上げ工事をこの日迄に完成し、検査に合格する必要が有り、大忙しになっています。本社より東田部長他も二月二十六～二十七日にはリビアに来られ、この行事に立会う予定です。

多少遅れても、この「赤通し」だけは見て帰国出来るものと考えていましたが、今やギリギリの日になっています。しかし、今更、帰国予定日を延ばす事は、航空券の予約、ホテルの予約から難しく、結局、予定日通り三月十五日発、三月二十日に日本着となりそうです。

カダフィさんやこの国の主な人々が出席しての正式な式典は、その後四週間を経た四月十日頃となっています。この時には、また改めて神戸本社より専務クラスの人が出席され、数百人の人々による盛大な操業開始式が行われるでしょう。残念ながら、この式には出席出来そうに有りません。

（注……二月八日付の手紙、たった今、受取りました）

一方、担当している土建の仕上げ工事、日本人としては私と松浦君、それにオリエンタルメタル工業より呼んだ屋根・壁材の専門家・堀池さんの三人、シンガポール人の技術者ミスター・オング、それにフォアマン（現場監督）として二人のシンガポール人、その下にシンガポール、マレーシア、タイ、フィリピン、バングラデシュ、中国人より成る作業員二十九名計三十五名で行っています。勿論、韓国の三星建設も、技術者一名、作業員十名で各種仕上げ工事を担当しています。さらに西独のTHOSTIという会社に道路のマーキング作業を下請けさせており、この工事も同時に進行中です。

これらの仕事の計画、施工管理、検査と客先・コンサルタントの検査対応があるため、忙しい訳です。堀池さんは来週帰国しますし、私が三月十五日以後いなくなれば、その後は松浦君一人が取りまとめする事になり、一寸心配です。彼の口から「大丈夫です」と言うのを待っているのですが、結局、最終決定は東田部長と新座所長が相談した上でなされますが、多少帰国を延ばすことも考えるかも知れません。まあ、会社より連絡が無い限り、予定通り三月十五日発、三月二十日日本着と思っていて下さい。

もう一つ、三月十五日と昨秋の帰国時に予定していた帰国予定（四月或いは五月末になるかも知れないと考えていた）を若干早めた理由は、四月一日に設立される新会社に出向を命ぜられる事になりそうだからです。新会社は「東亜橋梁建設会社」という名前で、東亜製鋼の内部にあった橋梁の工事部門を独立させ、新会社とするもので、今後の東亜製鋼の発展の一端を担う有望な分野であると期待されている業種です。

昨年十月に帰国した時、山藤部長より一言その可能性があると聞いていましたので、突然の話ではありませんが、先月、リビアに来られる予定であった東田部長の予定が、今月末に変わったこともあり、まだ詳しい内容は一切判りません。判り次第、また連絡します。

ともあれ、約七年前まで担当していた職種に戻る訳ですが、出向という形で東亜を離れ、橋梁の仕事をすること自体は、古く昭和四十四年に東亜に転社した時から考えていた事で特に驚くものではありません。むしろ、念願であった「日本橋梁建設協会」という日本の橋梁メーカー四十数社でつくっている協会の会員に、ようやく昨年九月に成ることが出来、東亜製鋼の名前で、官公庁より橋梁工事の安定した受注を約束されたようなものですから、喜んで出向、参加するつもりです。

既存の会社に出向するのならともかく、四月一日に設立される新会社に行くのですから、それまでに帰れという本社命令もあるし、是非、その前に帰国したいと思っています。

以前、広島県呉市にあった東亜の橋梁工場は閉鎖され、明石駅より三つ目のＪＲ土山《つちやま》駅の南、海に面した播磨地区の約二万坪の敷地に、新橋梁工場が建設され、昨年十二月より生産を開始しています。

毎朝、六時四十分にキャンプを出て、東方約四㌔の所にある製鉄所の現場に通勤していますが、数日前より遂に、その時間、遥か彼方の工場を前景に影として浮かび上がらせ、その後ろの地平線より太陽が昇るようになりました。大きな、大きな真っ赤な朝日です。今後急速に気温も上がり、リビアの春が始まろうとしています。野花は、もう咲き始めております。

今回は仕事の話ばかりになりましたが、勘弁して下さい。

【付　記】

新会社への出向、妻には喜んで行くと書いているが、実は妻を安心させるためであって私にとって余り気乗りしない話であった。大和橋梁から東亜に転職した直後にこのような新会社が発足するものと思っていたので、それから何と十九年も経ってから漸く実現するという話、余りにも遅過ぎた感があった。取りあえず様子を見てみるか、と言うのが当時の正直な気持ちであった。

58　帰国ルート変更・最後の手紙

昭和六十三年（一九八八）三月六日

常子様

皆様お元気ですか。今年も早や三月になりました。三月に入って三日、四日と雨が降り、リビアでは珍しく、うすら寒い三月の始まりでしたが、昨日（三月五日）午後より急に暖かくなり、本日（三月六日）は朝から快晴でした。日差しも春で、客先のリビア人も事務所の外に椅子を出して、日向ぼっこしながら、おしゃべりに夢中になっています。

文藝春秋三月号、本日（三月六日）に届きました。帰るまで間が無いので、急いで読むことにします。

先便に記した帰国予定、やはり予定はあくまで予定でした。その便りを出した直後、本社より帰途、立寄り仕事の要請が出て、帰国ルートがガラリと変更になりました。ポルトガル行きはキャンセルです。即ち、帰途イギリスで一仕事して帰ります。現在のスケジュールは次のようになっています。

3／14（月）リビア・トリポリ発↓マルタ島（ヴァレッタ）（泊）

3／15（火）マルタ島午後発↓ロンドン（夕方）（泊）
3／16（水）ロンドン発↓リバプール（夕方）（泊）
3／17（木）リバプール近郊で仕事（ある会社を訪問、打合せ）（泊）
3／18（金）打合せ後リバプール発↓ロンドン（夕方）（泊）
3／19（土）ロンドン滞在（見物）（泊）
3／20（日）ロンドン発（昼頃）↓（機中泊）
3／21（月）↓　大阪十七時着

但し、はっきりしているのは三月十六日朝、ロンドンのホテルに居るところまでで、その後の予定は、三月十六日朝、日本より出て来る上山課長が私に伝える事になっています。リバプールはロンドンの北西約三〇〇キロの所にある港町で、ビートルズの発祥の地だと思います。三月十七、十八日の二日間で相手との打合せが終われば、翌日（三月十九日）は休みを取り、ロンドン市内見物か、あるいは、列車で約四十分テームズ河を遡った所にあるウインザー城にでも行って見ようかと思っています。上山さんは三月十九日の便で帰国するかも知れません。唯、三月二十日（日）ロンドンを十二時二十五分発の英国航空は、成田経由ながら、そのまま大阪空港迄乗り入れており、到着時間も十七時と早いので便利です。

現在、この便の予約はしておらず、ロンドン↓大阪間はオープンとして、イギリスで予定を決めてから予約する心算です。

なかなか最後の最後まで解放してくれず、リビアを発ったら直ぐに、休暇気分でスイス、ポルトガルと予定していた前の計画とエライ違いです。しかし、二度目ながらマルタ島で丸一日過ごせることと、ロンドンでの一日の休日を楽しみにしています。まず、三月二十一日（月）大阪着というのは変わらないでしょう。折を見て電話します。

やはり、これも予定は予定で、もし仕事にもう少し欲を出すと、イギリスの後、イタリア・ミラノに行き、二日間程、更に西独（場所未定）で二日程メーカーを訪ねて、打合せまたは検査をする仕事が有ります。今から三月十四日迄の間に、本社から特に出張命令が出ない限り、イギリスより直接帰るつもりですが、三年前の例もあり、判りません。案外ロンドンのホテルに本社から電話が入るのかも知れません。

リビア建設部の東田部長、二月二十七日着で現場に来られています。先便に記しました出向の話、私が三月二十日過ぎに帰る事になっているためか、山藤部長(土建)より詳しい話は聞いておられず、帰国してからの事になります。ただ、四月一日に新会社が発足することは間違いなく、東亜・鉄構橋梁部の工事部門が分離して、三輪運輸の工事部門と合体し、東亜橋梁建設㈱になるようです。専務は板垣さんで、既に定年退職されていますが、この事で待機中です。私の外、誰々が東亜から行くのか、東田さんは他部門の長だけに知らない様子ですが、他にも三人ほど出向する予定です。

出向と言うのは、本籍は東亜製鋼に置いたまま、他の会社に行って働く訳ですから、給与は東亜に勤める場合と全く同様で、毎年、秋に行われる自己観察、他者観察という人事上の考課も東亜の社員として扱われるため変わりません。

将来、その新会社が親会社である東亜を離れて、独立してやって行けるようになった時、東亜を退職して、改めてその会社に入るかどうかという事になるのでしょう。

両親や宇治のご両親が心配されているようでしたら、説明しておいて下さい。

愈々、松浦君を残して帰国する訳ですが、私の関わって来た仕事の整理に大童です。客先にはまだ内緒で、三月十二日（土）に行われる客先・コンサルのトップとの会議の席上挨拶して帰国することを通知する予定でいます。出向の話が無ければ、もう二ヵ月程居るつもりだったのですが、何事も本社命令で仕方がありません。

現在、ディケンズの「二都物語」を読んでいます。約二百年前の薄汚いロンドンとパリの様子がしつこく書かれています。

これにて、リビア・ミスラタよりの最終便とします。近く日本でお会いする時まで、皆々様お元気でお過ごし下さい。

一樹

【付　記】

リビアからの最後の手紙であるため、冒頭の呼びかけ、末尾の挨拶を省略しないで記した。

僅か二週間前の先便で記した帰国予定が変更になった。イギリス出張の後、イタリアや西独に行

写真―⑮　ハル湾のハンバー橋（イギリス）

く話は無くなったものの、日本から出張して来た上山課長と共に行った、リバプール市の近くチェスターにある、自然換気装置（Natural Ventilation）のメーカーとのクレームの話が長引いた。土日を挟んだ事もあって、結局、最後はイギリス中部のヨーク市に私的に出向いて観光、翌日、ハル市に移動して当時世界最長の吊橋であった「ハンバー橋」（写真―⑮）を見学、大阪に帰着したのは予定から五日遅れた三月二十六日であった。

第八章　リビア、その後

第一節　新会社への出向、そして退職

昭和六十三年（一九八八）三月二十六日、自宅に帰って驚かされた。留守中、妻の母親が事故死していた事であった。しかも、その四十九日の法要が翌日の日曜日に京都・宇治の自宅で執り行われるとの事。帰国予定日が遅れながらも辛うじてその日に間に合った。先月の十二日の夜、一睡も出来ず、何か気に掛かって翌朝、自宅に電話した事があったが、妻の返事は何事も無いとの事であった。実は重大な事態が生じていたのである。丁度その時妻は葬儀から帰宅した所であったらしい。リビアに居る私に伝えても何にもならないと判断して黙っていたとの事。しかし「虫の知らせ」だけは発信せざるを得なかったのかも知れない。翌日の法事で、集まった人々一同が不思議なことがあるものと感じ入った。

海外赴任から帰国して直ぐ、休暇を取る暇も無く四月一日、東亜の新しい子会社・東亜鉄構工事株式会社が発足し、東亜からの出向社員として私は工事部長の辞令を貰い記念式典に出席した。東亜の土井専務が社長として着任し、同年六月、工事部主体で、総員三十五名の陣容が整い新会社は

始動した。一年後、私は取締役になり、平成六年（一九九四）十月には親会社東亜の橋梁製造部門の移管も進められて、総員数九十名の会社になった。その途上の平成五年（一九九三）九月私は東亜製鋼所を定年退職となり、改めて新会社へ転籍となっていた。

ただ、新会社への出向直後から、私はこの会社の業務内容について不満を感じ始めて、改善策の提言・進言を重ねていたが、何も変わらないため、平成七年（一九九五）二月の阪神淡路大震災を契機にして、退職を申し出た。種々協議の結果、同年六月、東亜環境メンテナンス㈱と東亜鉄構工事㈱が合併し、新会社・東亜アイ・イー・テック㈱が誕生するのを見計らって、取締役を退任することで退職した。

もともと東亜鉄構工事㈱という新会社の設立は、親会社の東亜が念願の日本橋梁建設協会の会員に成れたので、継続的に一定量の橋梁工事の受注を見込めるとしての事だった。しかし同協会の資料に依れば、日本全国の国内の鋼製橋梁の受注総量は平成七年度から平成十一年度、五年間の毎年約八〇万㌧が最大量で、その後急速に減り始めて、平成二十五年度には二十数万㌧にまで激減している。そのため、平成七年に合併した新会社・東亜アイ・イー・テック㈱も、平成十七年（二〇〇五）にはこれら公共工事の激減の影響から、設立後僅か十年で事業撤退を余儀なくされた。

私共が昭和四十四年（一九六九）に大和橋梁㈱を辞め東亜に転入社して、細々と始めた東亜の鋼構造物工事事業は、三十六年間の歴史を刻んで、これで完全に終結した。

工事会社を退職した私は、予てよりの計画通り建設コンサルタント業界へ転身した。

第二節　妻・常子のその後

妻・常子はその後も継続して大阪・高槻市の保母として勤めていたが、平成二年（一九九〇）三月、本人の腰痛と同居している私の両親の高齢化を考えて退職した。

大震災や私の東亜退職等の大事《おおごと》を経ながらも平穏に過ごしていた平成十一年（一九九九）六月、妻は市民検診で進行性胃癌が見付かり、直ちに入院し全摘出手術を受けた。以後、数回の手術と共に耐え難い闘病生活を続けていた。

その時、既に建設コンサルタント業界に転身していた私は、技術士資格も得て業界の中堅会社・㈱ナイトコンサルタントの技師長兼神戸支店の技術部長として勤めていた。東亜退職後数社を経て辿り着いた当時の私として、正に想い描いていた終極の新たな職場であった。しかし、妻の術後の様子を見て躊躇なく退職を決意した。結婚して三十数年を振り返って見ると、仕事とは言えリビア赴任の三年半を含めて、国内外への出張等で延べ日数にして七年間以上は家に居なかった。その上、今の会社で全国の支店を駆け回って技術指導等の出張を重ねて、更に家を留守にする日を増やす訳にはいかない。残り少ない彼女の人生を、病そのものに対しては何も出来ないが、せめて傍にいてやるだけで過ごすべきと考えた。本社の重役や周囲の人々の強い引き止めを振り切って、三年二ヵ月務めたナイトコンサルを平成十二年（二〇〇〇）六月退職した。そして、仕事は非常勤の別会社に転職し、常時在宅出来る勤務に変えた。

常子がそんな状態の最中、平成十三年（二〇〇一）六月、京都・平安神宮で行われた結婚同窓会で、我々夫婦は結婚三十五周年・珊瑚婚式を迎えた。何故か出席した四十数組の代表に選ばれ、晴れがましくも夫婦揃って神前に立ち玉串を捧げた。そして、式典では二人揃って挨拶文を読み上げた。その席には三十五年前の同じ年に結婚した妹夫婦も参列し、母も同席していた。妻・常子にとって正に最後の晴れ舞台であった。

そして、常子は医者の予想を遥かに上回った三年八ヵ月を強く生き抜き、平成十五年（二〇〇三）二月、静かに先立って行った。

第三節　リビア、その後

昭和六十三年（一九八八）三月、リビア赴任から帰国した直後に、東亜の子会社とは言え、全くの別会社に出向したため、その後のミスラタ・プロジェクトの様子は判らない。

参考文献に示した「リビア新書」で著者・野田正彰氏は私がリビアを去った一年三ヵ月後の平成元年（一九八九）六月にリビアを訪れて東亜の現場・ミスラタ製鉄所を見学し、キャンプにも行っている。同書の一四五頁に掲げられた写真は慣れ親しんだ食堂で懐かしい。同書では、前記した如く昭和六十三年（一九八八）三月に製鋼工場の赤通し（初圧延）を終えて翌年一月に仮引渡し(Provisional Acceptance Certificate）を受領して目下、操業の指導中である。と書かれている。全体の引渡しは、何年に完了したのであろうか。リビアは国として石油価格の下落による資金不足が深刻で、意図的な工程遅延策を弄していたから、東亜としても先行き楽観出来なかった。

今でも時々、グーグル・マップでリビア・ミスラタを覗いて見る事がある。同市郊外、地中海に面して存在する製鉄所は健在と思われる。本書の写真―⑥に示した当時建設中の鉄骨建屋は棒鋼線材圧延プラントとして、その長大な映像が充分判別できる。製鉄所全体も操業しているように見受けられる。一方、西に少し離れた所にあったミスラタ・キャンプは、数年前までは我々の住んで居た時のまま残置されていたように感じられ、宿舎も一棟ずつ明確に見えていたが、最近は建屋が無くなって単なる荒れ地のようになって仕舞った。

国としてのリビアは、遡れば一九六九年九月のクーデターによりカダフィ大佐が政権をとり、一九七三年四月に「外から輸入したイデオロギーを打破し、コーランの教えに基づいた社会を建設する」ことを目指した、いわゆる「リビア革命」別名「グリーン革命」によって、確保した豊富な石油収入を国民に分配し、教育や医療など国民の生活水準はアフリカ屈指となった。

その後、核兵器開発に手を染めて、欧米から経済制裁を受けるようになった。二〇〇三年にカダフィ政権は、いわゆる「リビア方式」と言われる、非核化を宣言してアメリカなどによる同国内の査察と核関連設備の全面撤収に応じて核計画の完全放棄を行った。その状態を確認された後、経済制裁解除と経済支援を受けることとなった。

しかし二〇一一年に発生した内戦により反政府勢力の国民評議会側が勝利し、カダフィ政権は崩壊したものの、ＩＳＩＬ等のテロ組織が進出して、内乱は続き、国連の仲介で、ようやく二〇一五年に国民統一政府が出来た。その後も複数の勢力組織が並立して不安定な治安情勢が続いている。現在、日本政府は二〇一四年七月以降、日本大使館を閉鎖して引き揚げ、リビアの危険レベルを最大の四として渡航はやめると共に避難勧告の対象国にしている。あのリビアのその後は、期待していたように気楽に観光に行ける、手の届く外国にはならなかった。
この状況からも、本書の題「リビア、はるかなり」の感を、改めて強くしている。

あとがき

本稿を書き終えて改めて感じた事は、今から三十年以上前のこの期間中、随分こまめに動き回ったものだという事である。延三年半のリビア赴任と出張の間に休暇帰国を含んで日本とリビアの間を十回往復している。他に海外旅行として、リビアからイギリス・イタリア・チェコなどのヨーロッパに出張したのが三回、帰国途上の業務出張が二回、日本発着の業務関連出張がインド・カルカッタ等三回、リビアからヨーロッパへの社員旅行がイタリア・マルタ・スイス等四回、そして帰国途上の個人旅行が三回である。巻末に付けた地中海周辺の地図を改めて眺めると、リビアからヨーロッパ諸国が意外に近くにあるのがよく判るが、やはり、日本からリビアは本当に遠い。

遠くに隔離された家族との距離を埋めるため、事前の約束通りせっせと便りを出した。妻もそれに応じてせっせと手紙を出し、更に私が要求する本や物を送ってくれた。これらの手紙など郵便物は当然国内のやりとりとは異なり、ヨーロッパのどこかの国を経由して行われるため、時間がかかる。当初、リビアからの航空便の手紙は日本まで三〜四週間かかっていた。日本から送ったそれは、どんな理由からか不明ながら三〜四ヵ月かかった。八月と九月に送った物が、今でも信じられないが十二月になって漸く届いた事もあった。もちろん途中で行方不明になる便りも出てきた。以後、一回目の赴任時には郵便物は双方とも赴任者の携帯荷物に入れて送って貰う託送便に切り替えた。二回目の赴任時からは郵便事情も改善されたようなのでリビアからは航空便が多くなった。

当方からの手紙の内容は、日本の友人達や親戚とのやり取りも妻には伝えていたがすべて省略した。唯一手元に残っていた妻からの手紙（昭和五十九年三月四日付）は、そのまま転写した。

手紙だけでなく一〜二ヵ月に一回は国際電話で会話した。音声の明瞭度は低く、特に雨の日は聞きづらかった。三分間で二千円程度となる電話料は余り値打ちが無く、事務所の電話は業務の妨げにもなるため、二回目の赴任時には専ら下請け・三星建設の現場事務所に行き、そこの電話を借用していた。

現地では工事現場と宿泊キャンプの間を往復する毎日である。ミスラタ市内に出向く事はたとえ休日でもまず無い。出掛けても街中には何も無いのであった。夕食後、日本から定期的に送られてくるテレビのドラマや映画のビデオを娯楽室で繰り返して観る事に飽きると、自室に戻り本を読むのが無聊の慰みになるのは誰も同じであった。巻末に私が赴任中に読破した書物（月刊雑誌を含む）のリストを掲げた。一回目の赴任時のリストは手元に残っていたが、二回目分は見当たらず、手紙に記した分のみ表示した。三年半で約三百冊、私が国内にいて読みこなせる数量ではないと思う。これらの中に本代より高い航空郵便料金を支払って妻が送ってくれた本が少なからずあると考えて、敢えて表を添付した。

五十八通の手紙と共に八枚の絵葉書の文章も載せて、これらの写真十五葉を挿入して、単調に成りがちな内容に配慮したつもりである。以前より気になっていたこれらの手紙、妻・常子が亡くなって十五年経った現在、この出版で、ようやく手元から整理でき、正直ホッとしている。

今から見れば随分昔のこととなった海外プラント工事の華やかなりし頃の日本、そして当時のリビアとヨーロッパ諸国の事情を少しでも読者の皆様に知って頂ければ幸いである。どの章からでも開いてご覧頂きたい。

巻末に、本文の内容をより良く理解できるように、参考資料を付けた。

〈著者・あとがき〉

末尾ながら、この出版に際して、株式会社鳥影社・本社編集室の北澤氏そして矢島氏から懇切丁寧な助言・指摘・指導をいただいた事を付記し、心から感謝の意を表して擱筆する。

石津　一成

【参考資料】

参考―① 参考文献

1『リビア砂漠探検記』 石毛直道 講談社文庫
2『リビア』 大石悠二 みずうみ書房
3『リビアがわかる本』 佐々木良昭 KKダイナミックセラーズ
4『リビア新書』 野田正彰 情報センター出版局
5『賢帝の世紀 ローマ人の物語IX』 塩野七生 新潮社
6『塩野七生「ローマ人の物語」』スペシャルガイドブック（新潮社出版企画部編）

参考―② 読書歴

於：リビア・ミスラタ 期間：1981年10月～1983年9月

No.	書 名	著 者	出 版 社 等
1	なんとなく、クリスタル	田中康夫	新潮文庫
2	呑舟の魚	西村寿行	徳間文庫
3	帆船が飛んだ		
4	地獄を嗤う日光路	笹沢左保	文藝春秋社
5	剣鬼（白い鬼）	池波正太郎	新潮文庫
6	小説 吉田学校（第四部）	戸川猪佐武	角川文庫
7	鏡は横にひび割れて	アガサクリスティー	ハヤカワミステリ文庫
8	父の詫び状	向田邦子	文藝春秋社
9	'80年代男はどう生きるか	堺屋太一	講談社
10	パリ殺人事件	加納一朗	徳間文庫
11	関ヶ原（上）	司馬遼太郎	新潮文庫
12	関ヶ原（中）	司馬遼太郎	新潮文庫
13	関ヶ原（下）	司馬遼太郎	新潮文庫
14	成田空港殺人事件	福本和也	光文社
15	リビア砂漠探検記	石毛直道	講談社文庫
16	狼よ、逆潮を翔べ	福本和也	光文社
17	リビア	大石悠二	みずうみ書房
18	飢えた渦	黒岩重吾	集英社文庫
19	黒豹の鎮魂歌	大藪春彦	徳間文庫
20	新・逆転の発想	糸川英夫	プレジデント社
21	文藝春秋	12月号	文藝春秋社
22	放浪家族	船山 馨	集英社文庫
23	屈折回路	松本清張	文春文庫
24	他殺地帯	桜田 忍	文華新書
25	正雪記	山本周五郎	新潮文庫
26	漂流	吉村 昭	新潮文庫
27	翳りある座席	黒岩重吾	集英社文庫
28	ピアノ弾き よじれ旅	山下洋輔	徳間文庫
29	天才投手(上)	藤原審爾	徳間文庫
30	天才投手(下)	藤原審爾	徳間文庫
31	総員起シ	吉村 昭	文春文庫
32	盗みは人のためならず	赤川次郎	徳間文庫
33	歪んだ空白	森村誠一	角川文庫
34	食通知ったかぶり	丸谷才一	文春文庫
35	ビバ 日本語！	豊田有恒	徳間文庫
36	天声人語 1	荒垣秀雄 嘉治隆一	朝日新聞
37	中国故事 はなしの話	駒田信二	文春文庫
38	西部戦線異状なし	レマルク	新潮社
39	小説 吉田学校（第五部）	戸川猪佐武	角川文庫
40	小説 吉田学校（第六部）	戸川猪佐武	角川文庫
41	悲将ロンメル	岡本好古	徳間文庫

【参考資料】

No.	書　名	著　者	出版社等
42	駱駝祥子	老舎	岩波文庫
43	ガリア戦記	カエサル	岩波文庫
44	中央公論　経営問題		中央公論社
45	紅楼夢（三）	曹雪芹	岩波書店
46	現代短編名作選1	日本文芸家協会	講談社文庫
47	日本永代蔵	井原西鶴	岩波書店
48	眼の壁	松本清張	新潮文庫
49	孤独な週末	赤川次郎	角川文庫
50	名探偵なんか怖くない	西村京太郎	講談社文庫
51	メグレ警視のクリスマス	シムノン	講談社文庫
52	水中花	五木寛之	新潮社
53	インド千夜一夜	大場正史	山王書房
54	異型の白昼	森村誠一	光文社
55	腐蝕の構造	森村誠一	角川文庫
56	ぽるの太閤記	木屋　進	あまとりあ社
57	わが胸に冥き海あり	勝目　梓	徳間文庫
58	凶獣の島	田中光二	講談社文庫
59	プレジデント	81年9月号	プレジデント社
60	米内光政	阿川弘之	新潮文庫
61	マリー・アントワネット（上）	ツヴァイク	角川文庫
62	マリー・アントワネット（下）	ツヴァイク	角川文庫
63	我が秘密の生涯	作者不詳	富士見書房
64	白い鯱	西村寿行	講談社
65	エアポート’81		
66	パリ遺言特急	和久峻三	角川文庫
67	十一番目の志士(上)	司馬遼太郎	文春文庫
68	十一番目の志士(下)	司馬遼太郎	文春文庫
69	暗黒世界のオデッセイ	筒井康隆	新潮文庫
70	証拠崩し	和久峻三	角川文庫
71	悪人のごとく葬れ	和久峻三	角川文庫
72	マラッカ海峡	谷　恒生	集英社文庫
73	匠の時代　第一巻	内橋克人	講談社文庫
74	左遷	咲村　観	徳間文庫
75	匠の時代　第二巻	内橋克人	講談社文庫
76	天声人語　4	荒垣秀雄	朝日新聞社
77	天声人語　5	入江徳郎	朝日新聞社
78	[WILL]	7月号	中央公論社
79	遠い接近	松本清張	文春文庫
80	暗黒流砂	森村誠一	角川文庫
81	イブのおくれ毛	田辺聖子	文春文庫
82	第二ユーモア小説集	遠藤周作	講談社

No.	書　名	著　者	出 版 社 等
83	破戒裁判	高木彬光	角川文庫
84	四季・奈津子(上)	五木寛之	集英社文庫
85	四季・奈津子(下)	五木寛之	集英社文庫
86	東経139度線	日本推理作家協会	光文社
87	小説吉田学校　第一部	戸川猪佐武	角川文庫
88	小説吉田学校　第二部	戸川猪佐武	角川文庫
89	小説吉田学校　第七部	戸川猪佐武	角川文庫
90	海軍めしたき物語	高橋　孟	新潮社
91	戦艦大和(上)	児島　襄	文春文庫
92	戦艦大和(下)	児島　襄	文春文庫
93	砂漠のキツネ	P. カレル	フジ出版社
94	生存の条件	高橋浩一郎	毎日新聞社
95	シスコで語ろう	高橋三千綱	角川文庫
96	時の剣	和久峻三	角川文庫
97	悪魔の飽食	森村誠一	光文社
98	元禄太平記(前)	南條範夫	日本放送出版協会
99	元禄太平記(後)	南條範夫	日本放送出版協会
100	決断の時	三好　徹	文春文庫
101	世界の中の日本	石原慎太郎・他	山手書房
102	日本人への警告	堺屋太一	プレジデント社
103	ヨーロッパとの対話	木村尚三郎	角川文庫
104	逆転の発想	糸川英夫	角川文庫
105	昭和外交50年	戸川猪佐武	角川文庫
106	小説吉田学校(第三部)	戸川猪佐武	角川文庫
107	冷えた鋼塊(上)	佐木隆三	集英社
108	冷えた鋼塊(下)	佐木隆三	集英社
109	ボンボンと悪夢	星　新一	新潮文庫
110	文藝春秋	82年7月号	文藝春秋社
111	私のニジェール探検行	森本哲郎	中公新書
112	文藝春秋	83年1月号	文藝春秋社
113	素顔のドイツ人	坂本明美	三修社
114	沖田総司(上)	早乙女　貢	講談社
115	沖田総司(下)	早乙女　貢	講談社
116	黄色い風土	松本清張	光文社
117	マンボウ人間博物館	北　杜夫	文藝春秋社
118	夜の出帆	渡辺淳一	文藝春秋社
119	文藝春秋	82年10月号	文藝春秋社
120	きまぐれ体験紀行	星　新一	講談社文庫
121	高熱隧道	吉村　昭	新潮文庫
122	義経(上)	司馬遼太郎	文春文庫
123	義経(下)	司馬遼太郎	文春文庫

【参考資料】

No.	書名	著者	出版社等
124	旅―父と子	永　六輔	角川文庫
125	火と汐	松本清張	文春文庫
126	牛馬解き放ち	西村寿行	双葉社
127	文藝春秋	83年2月号	文藝春秋社
128	菜根譚	今井宇三郎/訳	岩波文庫
129	曲者時代	柴田錬三郎	集英社文庫
130	思い出トランプ	向田邦子	新潮社
131	青春の証明	森村誠一	角川文庫
132	人間失格	太宰　治	角川文庫
133	幕末	司馬遼太郎	文春文庫
134	地獄（上）	西村寿行	徳間書店
135	地獄（下）	西村寿行	徳間書店
136	文藝春秋	83年3月号	文藝春秋社
137	佐川君からの手紙	唐　十郎	文藝春秋社
138	文藝春秋	83年4月号	文藝春秋社
139	現代	83年4月号	講談社
140	マリリン・モンロー・ノー・リターン	野坂昭如	文春文庫
141	坊っちゃん	夏目漱石	新潮文庫
142	夢の壁	加藤幸子	新潮社
143	日本亭主図鑑	井上ひさし	新潮文庫
144	小説に書けなかった自伝	新田次郎	新潮社
145	華麗なる一族（上）	山崎豊子	新潮文庫
146	華麗なる一族（中）	山崎豊子	新潮文庫
147	華麗なる一族（下）	山崎豊子	新潮文庫
148	白骨樹林	西村寿行	文春文庫
149	孤高の人（上）	新田次郎	新潮社
150	孤高の人（下）	新田次郎	新潮社
151	女の長風呂Ⅱ	田辺聖子	文春文庫
152	小説現代	83年3月号	講談社
153	陸奥爆沈	吉村　昭	新潮社
154	助左衛門四代記	有吉佐和子	新潮文庫
155	運命の青春	斎藤　栄	徳間文庫
156	外人社員	瀬下恵介	TBSブリタニカ
157	気まぐれ指数	星　新一	新潮文庫
158	東海道中膝栗毛（上）	十返舎一九	講談社文庫
159	東海道中膝栗毛（下）	十返舎一九	講談社文庫
160	鴎外の婢	松本清張	光文社文庫
161	どないしたろか（上）	梶山季之	徳間ブック
162	どないしたろか（下）	梶山季之	徳間ブック
163	狂気の沙汰も金次第	筒井康隆	新潮文庫
164	チップス先生さようなら	ヒルトン	新潮文庫

No.	書　名	著　者	出版社等
165	リラ冷えの街	渡辺淳一	新潮文庫
166	サンダカン八番娼館	山崎朋子	筑摩書房
167	西欧逍遙	渡辺一民	講談社
168	男振	池波正太郎	新潮文庫
169	エーゲ海の鉄の城	吉田倬也	東洋経済
170	日本剣客伝5 千葉周作・沖田総司	海音寺潮五郎 永井龍男	朝日新聞出版
171	たった一人の山	浦松佐美太郎	文春文庫
172	おごそかな渇き	山本周五郎	新潮社
173	頭のトレーニング	長岡鉄男	永岡書店
174	暗い旅	倉橋由美子	新潮社
175	死海のほとり	遠藤周作	新潮社
176	征東都督府	光瀬　龍	角川文庫
177	ブンとフン	井上ひさし	新潮文庫
178	川のある下町の話	川端康成	新潮文庫
179	復活の日	小松左京	角川文庫
180	淋しいアメリカ人	桐島洋子	文春文庫
181	虚構の空路	森村誠一	角川文庫
182	人事異動	源氏鶏太	角川文庫
183	梓弓執りて	西村寿行	光文社文庫
184	マジメ人間	山口　瞳	角川文庫
185	文藝春秋	82年9月号	文藝春秋社
186	北国の女の物語(上)	水上　勉	講談社文庫
187	北国の女の物語(下)	水上　勉	講談社文庫
188	重役養成計画	城山三郎	角川文庫
189	夕陽将軍	杉森久英	河出文庫
190	梟の城	司馬遼太郎	講談社
191	アルト・ハイデルベルク	マイアーフェルスター	角川文庫
192	ティファニーで朝食を	カポーティー	新潮社
193	サンダカンの墓	山崎朋子	文春文庫
194	藍の季節	平岩弓枝	文春文庫
195	忍法封印いま破る	山田風太郎	角川文庫
196	夏の終り	瀬戸内寂聴	新潮社
197	星のふる里	森村誠一	角川文庫

【参考資料】

読書歴
於：リビア・ミスラタ　（2度目の赴任中）
期間：1987年3月～1988年3月

No.	書　名	著　者	出版社等
1	無銘碑	曽野綾子	
2	間宮林蔵	吉村　昭	
3	吉里吉里人	井上ひさし	
4	炎熱商人	深田祐介	他16冊で、5/8現在、累計20冊
5			8/28現在、累計58冊
6	新・ニューヨークの日本人	本田靖春	
7	無宿人別帳	松本清張	
8	眠狂四郎殺法帖（上）	柴田錬三郎	
9	眠狂四郎殺法帖（下）	柴田錬三郎	
10	花埋み	渡辺淳一	
11	からかご大名	新田次郎	
12			11/27現在、累計85冊
13	文藝春秋12月号	文藝春秋社	
14	文藝春秋1月号	文藝春秋社	
15	鬼平犯科帳（1～4）	池波正太郎	
16			12/28現在、累計99冊
17	文藝春秋2月号	文藝春秋社	
18	文藝春秋3月号	文藝春秋社	
19	鬼平犯科帳（5～15）	池波正太郎	
20	二都物語（上・下）	ディケンズ	
21			3/14現在、累計120冊

（手紙に記載ある分のみで表示した。）

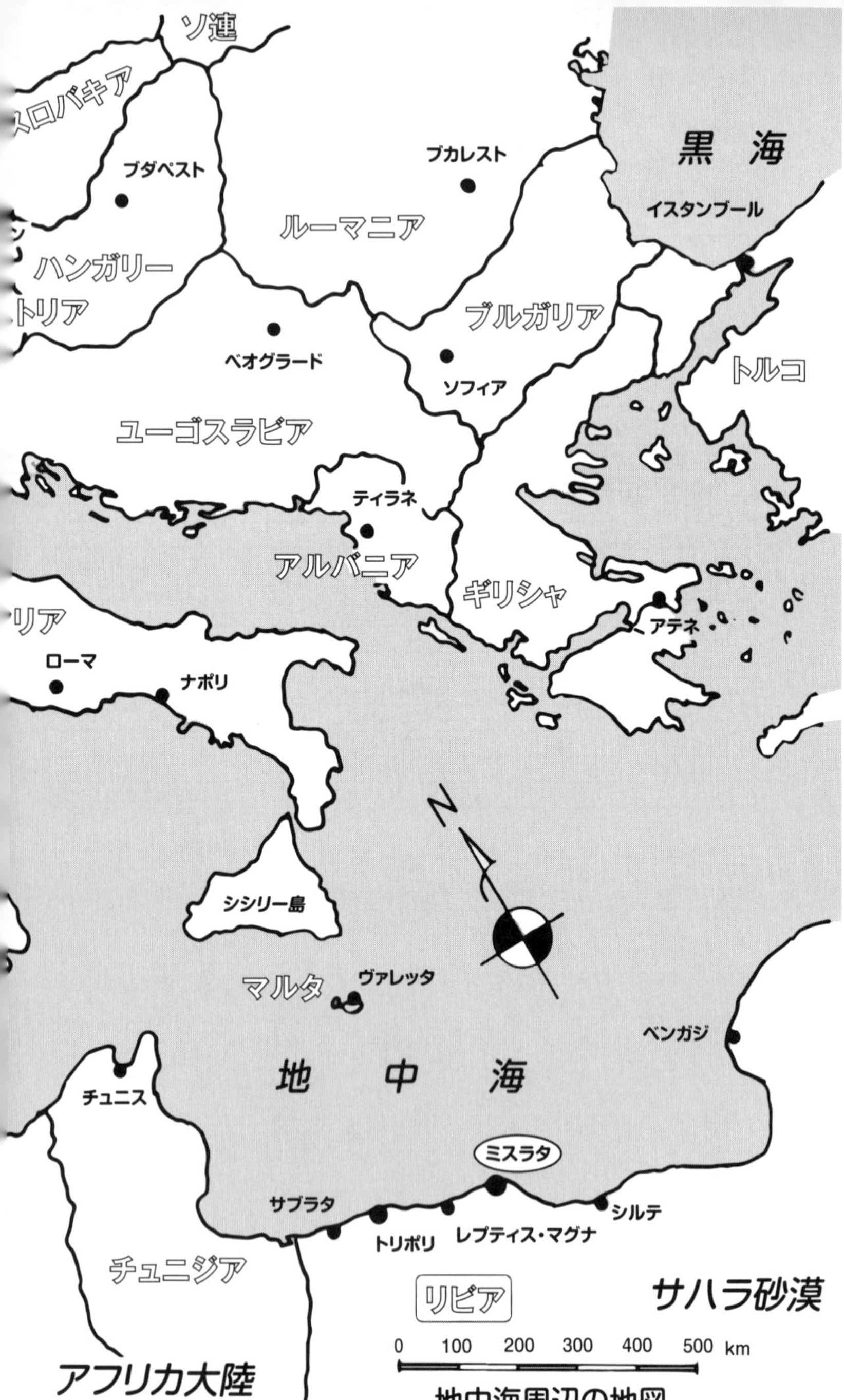

ソ連
スロバキア
ブダペスト
ハンガリー
トリア
ブカレスト
ルーマニア
黒　海
イスタンブール
ブルガリア
ベオグラード
ソフィア
トルコ
ユーゴスラビア
ティラネ
アルバニア
ギリシャ
アテネ
リア
ローマ
ナポリ
N
シシリー島
マルタ
ヴァレッタ
ベンガジ
地　中　海
チュニス
ミスラタ
サブラタ
トリポリ
レプティス・マグナ
シルテ
チュニジア
リビア
サハラ砂漠
0
100
200
300
400
500
km
アフリカ大陸

地中海周辺の地図

参考—③
地図・地中海周辺国
（1980年代　当時）

【主人公の略歴】

岩成　一樹（いわなり　かずき）

昭和十三年（一九三八年）京都生まれ
昭和三十七年　立命館大学理工学部土木科卒
　同　年　大和橋梁㈱工事部入社　鋼橋の施工計画・現場施工を担当
昭和四十一年　常子と結婚
昭和四十四年　大和橋梁㈱を退社し、㈱東亜製鋼所に入社
鋼橋の設計・製作・工事・開発業務や海外業務に従事
平成　五　年　㈱東亜製鋼所を定年退職、東亜鉄構工事㈱に転籍
平成　七　年　同社の取締役を辞任して、建設コンサルタント業界に転職
ナイトコンサルタント㈱技術部長・技師長等数社のコンサルタントを歴任
平成十五年　妻・常子死去
平成十六年　京子と再婚
平成三十年　現在　㈱ドットコム・技術参与

【資格等】

・土木学会フェロー会員
・技術士（建設部門・鋼構造及びコンクリート）
・APECエンジニア
・一級土木施工管理技士
・測量士

リビア、はるかなり
—妻への便り・58通

定価（本体1500円+税）

乱丁・落丁はお取り替えします。

2018年12月 3日初版第1刷印刷
2018年12月 7日初版第1刷発行
著　者　石津一成
発行者　百瀬精一
発行所　鳥影社 (www.choeisha.com)
〒160-0023 東京都新宿区西新宿3-5-12トーカン新宿7F
電話 03-5948-6470, FAX 03-5948-6471
〒392-0012 長野県諏訪市四賀229-1(本社・編集室)
電話 0266-53-2903, FAX 0266-58-6771
印刷・製本　モリモト印刷・高地製本

ISBN978-4-86265-716-9 C0095